Erfolgsteams – der ungewöhnliche Weg, berufliche und persönliche Ziele zu erreichen

Ulrike Bergmann

Erfolgsteams – der ungewöhnliche Weg, berufliche und persönliche Ziele zu erreichen

Ulrike Bergmann

mvg

Die Deutsche Bibliothek – CIP-Einheitsaufnahme

Bergmann, Ulrike
Erfolgsteams : der ungewöhnliche Weg, berufliche und persönliche Ziele zu verwirklichen / Ulrike Bergmann - Landsberg am Lech : mvg-verl., 1998
(Business Training ; 81206)
ISBN 3-478-81206-2

Umschlaggestaltung: Gruber & König, Augsburg
Satz: Wolfgang Appun, München
Druck- und Bindearbeiten: Presse-Druck, Augsburg
Printed in Germany 081 206/2983502
ISBN 3-478-81206-2

Inhalt

Zur Erinnerung an meine Eltern,

in Liebe und Dankbarkeit

Wie es dazu kam ...

In Nordamerika gibt es seit vielen Jahren Unterstützungsgruppen für verschiedene Lebensbereiche. Während eines längeren Aufenthaltes in Seattle hatte ich 1993 erstmals Gelegenheit zu erleben, welche Ergebnisse mit Hilfe eines Unterstützungssystems möglich sind. Bedingt durch einige Fortbildungsmaßnahmen, an denen ich in dieser Zeit teilnahm, war ich gleichzeitig Mitglied in mehreren Gruppen. Dabei konnte ich feststellen, daß einige gut funktionierten und mir sehr viel Unterstützung boten, während andere eher Stammtischen oder Debattierclubs glichen. Ich fragte mich: Was trägt dazu bei, daß ein Team für mich gut funktioniert? Gleichzeitig wünschte ich mir, in meiner Arbeit professioneller zu werden und dabei Anregungen von anderen Menschen zu erhalten, die in einer ähnlichen Situation waren.

Im Herbst 1994 ging mein Wunsch nach Unterstützung in Erfüllung. Ich traf mich in Seattle nach einer Veranstaltung mit sechs weiteren Trainerinnen und Trainern zu einem gemeinsamen Mittagessen. Wir sprachen über die Idee, uns gegenseitig in beruflichen Fragen zu unterstützen. Wir alle hatten schon Erfahrungen mit Teams und wollten eines ins Leben rufen, in dem wir unsere Vorstellungen von dem, was wir unter gut funktionierender Unterstützung verstanden, verwirklichen konnten. Das war der Auftakt zu einer Entwicklung, die ich als außerordentlich anregend und spannend erlebte.

Zwei Wochen nach dem erwähnten Mittagessen trafen wir uns zum ersten Mal. Wir hatten uns alle Gedanken über unsere persönlichen Erwartungen und Wünsche gemacht. Da unsere Vorstellungen weitgehend übereinstimmten, gründeten wir an diesem Tag ein Team, dem wir den Namen The Empowerment Team gaben. Ein Teammitglied schied bereits nach kurzer Zeit wieder aus, als es erkannte, daß wir ernsthaft an einer erfolgreichen beruflichen Zukunft arbeiten wollten und daß es selbst zu diesem Zeitpunkt noch nicht dazu bereit war.

Das Empowerment Team in Seattle besteht noch heute, wenn auch in veränderter Zusammensetzung. Vier der Gründungsmitglieder sind nach wie vor dabei. In diesem Team geht es inzwischen nicht mehr darum, ein bestimmtes, klar definiertes Ziel zu erreichen. Statt dessen ist ein kontinuierlicher Unterstützungseffekt entstanden, der dem Wortsinn des „empowerment" entspricht – sich gegenseitig zu bestärken und Kraft zu geben. So haben sich alle Mitglieder Stück für Stück beruflich etabliert und sind jetzt dabei, die erreichte Position zu festigen, weiter auszubauen und zu neuen Grenzen vorzustoßen.

Die außerordentlich positiven Erfahrungen mit diesem Team haben mich veranlaßt, nach meiner Rückkehr im Sommer 1995 auch in Deutschland ein Team zu gründen. Ich wollte die einmal erlebte Unterstützung fortsetzen und bei der beruflichen Neuorientierung nach einem mehr als einjährigen Auslandsaufenthalt meine Erfahrungen mit dem Empowerment Team in Deutschland ausprobieren und umsetzen. Ich fand zwei Freundinnen, die bereit waren, sich auf das Experiment einzulassen. Das Konzept bewährte sich so gut, daß wir unser Team Ende Januar 1996 auf sechs Personen erweitern konnten.

Alle Mitglieder dieses Teams waren so begeistert von den Ergebnissen, die sie in den nächsten Monaten erzielten, daß sie Freunden und Bekannten davon erzählten. Dadurch kamen mehr und mehr Anfragen nach der Möglichkeit, ebenfalls Mitglied in einem Team zu werden. Daraus entstand schließlich die Idee, das Konzept weiterzutragen und auch anderen Menschen eine Teilnahme zu ermöglichen.

Im Juni 1996 entstanden auf diese Weise zwei Teams, die noch den traditionellen Namen Empowerment Team trugen. Inzwischen habe ich ihnen den griffigeren Namen Erfolgsteams gegeben, weil diese Bezeichnung sofort klarwerden läßt, worum es geht: erfolgreicher sein mit Hilfe eines Teams. In München sind diese Erfolgsteams inzwischen zu einer festen Einrichtung geworden. Bis Ende 1997 sind bereits zehn Teams in unterschiedlicher Größe und Zusammensetzung entstanden.

Auf der Fachmesse „Weiterbildung München '97" stellte ich im Rahmen eines Vortrags das Konzept der Erfolgsteams vor. Unter den Teilnehmern war auch Susanne Guidera vom mvg-verlag, die mich anschließend darauf ansprach, ob ich nicht Lust hätte, zu diesem Thema ein Buch zu schreiben. Lust hatte ich schon, doch ich brauchte noch einige Zeit, bis ich davon überzeugt war, daß meine Erfahrungen mit Erfolgsteams tatsächlich weitreichend und vielfältig genug sind für eine ausführliche Beschreibung der Methode. Die drei Teams, die aufgrund des Vortrages auf der „Weiterbildung" entstanden sind, haben maßgeblichen Anteil an der Entscheidung für dieses Buchprojekt.

Als ich davon erzählte, daß ich ein „Erfolgsteam-Buch" plante, in das die unterschiedlichen Erfahrungen, mit den Teams einfließen sollten, haben mich viele Teams zu ihren Sitzungen eingeladen und mich an ihren Erfahrungen und den erzielten Ergebnissen teilhaben lassen. Hinzu kamen diejenigen, die sich die Zeit genommen haben, meine Fragen zu beantworten und die daraus entstandenen Texte zu überarbeiten. Hierfür bin ich allen sehr dankbar.

Ein Praxisbuch – und als solches betrachte ich dieses Buch – kann nur mit Unterstützung vieler begeisterter Menschen entstehen, die bereitwillig ihre Gedanken, Erfahrungen und Anregungen mitteilen. Somit ist dieses Buch ein Gemeinschaftswerk aller Mitglieder in den Erfolgsteams. Sie teilen meine Hoffnung, daß es viele Leser findet, die sich ebenfalls von der Idee begeistern lassen und die in diesem Buch enthaltenen Anregungen dazu nutzen, ihre Wünsche und Ziele zu verwirklichen.

München, Januar 1998 *Ulrike Bergmann*

I.

Einführung

1. Was ist ein Erfolgsteam?

Auf einen kurzen Nenner gebracht, ist ein Erfolgsteam eine Gruppe von Menschen, die sich gegenseitig dabei unterstützen, ihre Ziele zu erreichen.

Aus dieser Definition ergibt sich bereits, daß die Arbeit an einem beruflichen oder persönlichen Ziel im Vordergrund steht. Bei den derzeit bestehenden Teams arbeiten etwa 90 Prozent der Teilnehmer an einem beruflichen Ziel. Daraus entstehen aber auch persönliche Erfolge, weil die Arbeit an einem Ziel immer etwas mit der eigenen Persönlichkeit zu tun hat. Wenn Sie etwas erreichen, das Ihnen wichtig ist und das Sie bislang nicht geschafft haben, dann stärkt dies in jedem Fall Ihr Selbstbewußtsein und Ihr Selbstvertrauen.

Umgekehrt stellen Teilnehmer, bei denen ein persönliches Ziel im Vordergrund steht, bald fest, daß sich die Arbeit im Team auch auf ihr berufliches Umfeld positiv auswirkt. Beruf und Privatleben lassen sich nicht trennen oder unabhängig voneinander betrachten. Zwischen beiden besteht immer eine Wechselwirkung. Jeder Bereich hat zu unterschiedlichen Zeiten seinen Schwerpunkt in unserem Leben. Auf ihn konzentrieren wir uns dann für einige Zeit, ehe sich die Prioritäten wieder ändern.

Voraussetzung für die Teilnahme an einem Erfolgsteam ist also der Wunsch nach Veränderung, wobei das genaue Ziel am Anfang noch nicht feststehen muß. Es gibt Teilnehmer, die ihre Arbeit im Team damit beginnen herauszufinden, was sie tatsächlich erreichen wollen. Dabei geht es meistens darum, einer bevorstehenden oder gewünschten beruflichen Veränderung den Weg zu bereiten.

Sie müssen nicht die „Welt aus den Angeln heben" wollen, wenn Sie die Arbeit in einem Erfolgsteam aufnehmen. Es kann sich auch um einen Prozeß handeln, an dessen Ende ein bestimmtes Ergebnis steht. Zum Beispiel konkret zu wissen, in welche Richtung Sie sich beruflich entwickeln möchten.

Ein großer Prozentsatz, nämlich drei Viertel der bisherigen Teilnehmer, sind freiberuflich oder selbständig tätig. Sie versprechen sich durch die Mitgliedschaft in einem Team größere berufliche Erfolge, vielleicht sogar den Durchbruch zu einem höheren Niveau an Professionalität, verbunden mit einem verbesserten Einkommen.

Vielen Teilnehmern geht es darum, Dinge in Bewegung zu bringen und sich einen Bezugsrahmen aufzubauen, der sie dabei unterstützt, ihre Vorhaben zu verwirklichen. Zugegebenermaßen geht es nicht immer so schnell, wie es sich der einzelne am Anfang eines Erfolgsteams vorstellt. Dennoch läßt sich in den ersten sechs Monaten soviel auf den Weg bringen, daß die gesetzten Ziele in greifbare Nähe rücken.

2. Abgrenzung zu anderen Teams und Gruppen

Erfolgsteams lassen sich von ihrer Ausrichtung her zwischen Unternehmensteams und Selbsthilfegruppen ansiedeln. Mit beiden Arten von Teams haben sie Gemeinsamkeiten, und von beiden unterscheiden sie sich.

In *Unternehmensteams* geht es um ein Gruppenziel, das von allen Teilnehmern gemeinsam erreicht werden soll. In einem Erfolgsteam steht dagegen das individuelle Ziel des einzelnen Mitglieds im Vordergrund. Die Gruppe dient hier als Impulsgeber, teilweise auch als Katalysator. Sie bietet den einzelnen Unterstützung und fungiert als Auffangbecken, wenn die Dinge nicht so laufen wie gewünscht. Trotz der Teilnahme am Team bleibt jedes Mitglied nur dem eigenen Ziel verpflichtet. Es kann dieses Ziel ändern, wenn es möchte, zum Beispiel, weil sich während der Arbeit an der eigenen Aufgabenstellung wichtige neue Anhaltspunkte ergeben haben. Auch wenn die Teamkollegen in diesem Fall die Beweggründe für eine Zieländerung hinterfragen, bleibt die Entscheidung dafür oder dagegen letztlich doch dem einzelnen überlassen.

Dennoch haben Erfolgsteams und Unternehmensteams Gemeinsamkeiten: Ausgangspunkt ist jeweils ein zu Beginn definiertes Ziel, das in einem bestimmten Zeitrahmen erreicht werden soll. Außerdem werden für die Zielerreichung von beiden Teams Kreativitäts- und Problemlösungsmethoden eingesetzt, wie sie auch in diesem Buch beschrieben sind.

Bei den *Selbsthilfegruppen* ist zu unterscheiden zwischen den informierenden und aktivitätsorientierten Selbsthilfegruppen (z.B. für Krebskranke) und den Gesprächsgruppen, wie beispielsweise der Vielzahl von „Anonymen" Gruppen (Alkoholiker, Eßsüchtige u.ä.)[1]. Bei beiden Gruppenformen geht es darum, das eigene Erleben und Verhalten zu verändern und die Mitglieder bei der Problembewältigung zu unterstützen.

In Erfolgsteams wird dagegen vorrangig an persönlichen Zielen gearbeitet, das heißt, diese Teams sind ziel- und lösungsorientiert. Hier stehen keine Verhaltensänderungen im Vordergrund – auch wenn sie manchmal als

---

1 Ich beziehe mich bei diesen Informationen auf das Buch „Selbsthilfegruppen – Anleitungen und Hintergründe" von Michael Lukas Moeller, Rowohlt Taschenbuchverlag, 1996.

Nebenziel angestrebt werden und mit der Arbeit im Erfolgsteam einhergehen.

Die Gemeinsamkeit von Selbsthilfegruppen und Erfolgsteams besteht darin, daß sie keine feste Leitung haben und jeder an sich selber und seinen Zielen arbeitet. Jedes Mitglied dient dabei den anderen Teilnehmern als Vorbild und Stütze. Voraussetzung dafür ist die Bereitschaft aller, an der eigenen Entwicklung zu arbeiten – mit dem Ergebnis, daß sich die Teilnehmer zunehmend als selbstbewußt und risikofreudig erleben.

3. Was Sie in diesem Buch erwartet

Mit diesem Buch erhalten Sie einen praktischen Leitfaden, der Sie am Ende in die Lage versetzt, Ihr eigenes Erfolgsteam zu gründen. Teil II. informiert über den Sinn und Zweck solcher Teams, über die Voraussetzungen für ein erfolgreiches Arbeiten, darüber, wie die Struktur aussieht, wie wichtig Verbindlichkeit – das Commitment – ist, welche Vorteile die Teilnahme bringt, welche Nebenwirkungen daraus entstehen, und schließlich darüber, wie Unterstützung im Team aussehen kann.

In Teil III. werden vier Personengruppen beschrieben, für die sich die Teilnahme an einem Erfolgsteam als besonders förderlich erwiesen hat. Es sind dies in erster Linie Freiberufler, Selbständige und Existenzgründer; doch auch Geschäftsführer kleiner Unternehmen, Angestellte und Arbeitsuchende profitieren davon, in einem Team ihre Ziele zu verwirklichen.

Wenn Sie nicht genau wissen, welche Ziele Sie in einem Erfolgsteam verfolgen möchten, erhalten Sie in Teil IV. entsprechende Anregungen. Auf diese Weise können Sie herausfinden, was Sie wirklich möchten, wie

Sie Ihre Ziele wirkungsvoll formulieren und mit welchen Methoden Sie – zusätzlich zur Unterstützung durch ein Erfolgsteam – Ihre Ziele auch erreichen.

Im letzten Teil schließlich erfahren Sie, wie Sie Ihr eigenes Team gründen können. Hier finden Sie Anregungen, wie Sie Interessenten finden, wo Sie Ihre Teamsitzungen durchführen können, wie die einzelnen Phasen der Bildung eines Erfolgsteams ablaufen und mit welchem Einstieg Sie eine solide Grundlage für die vertrauensvolle Arbeit im Team gewährleisten. Den Abschluß des Buches bilden einige Hinweise darauf, was für das weitere Vorgehen hilfreich ist und woran ein Team scheitern kann.

Zwischen den einzelnen Teilen werden vier Geschichten erzählt, die auf den persönlichen Erfahrungen einiger Mitglieder von Erfolgsteams basieren. Diese Berichte entstanden aus Interviews, die ich während der Entstehungsphase des Buches im Herbst 1997 mit diesen Personen führte.

4. Was Teilnehmer dazu sagen

Damit Sie einen Eindruck davon erhalten, wie stark Teilnehmer von ihrer Zugehörigkeit in einem Erfolgsteam profitieren können, lasse ich hier einige von ihnen zu Wort kommen:

- „Seit ich im Erfolgsteam bin, setze ich mich mental viel stärker mit meinen Zielen auseinander."
- „Durch die Struktur habe ich gelernt, wie hilfreich zielorientiertes Handeln ist."
- „Das Team hat mir dabei geholfen, eine für mich schwierige Phase durchzustehen und zu meistern."

- „Durch den Termindruck habe ich viele Dinge erledigt, die ich andernfalls vor mir hergeschoben hätte."
- „Ich habe an den Problemen anderer Anteil genommen und dadurch meine Selbstbezogenheit abgebaut."
- „Durch das Team habe ich viele Anregungen erhalten, auf die ich selbst nicht gekommen wäre."
- „Die anderen Teilnehmer freuen sich mit mir, wenn ich etwas erreiche. Dadurch gehe ich mit Elan und Energie an die nächste Aufgabe."
- „Ich finde es toll, mich mit Gleichgesinnten zu treffen, mit ihnen Ideen auszutauschen und die Dinge aus einem anderen Blickwinkel zu betrachten."
- „Zu Beginn stellt man sich unter einem Erfolgsteam die Konzentration auf reine Leistung vor; doch dann merkt man sehr schnell, daß es um den ganzen Menschen geht – mit allen seinen Wünschen, Vorstellungen und Zielen."
- „Ich bin viel zielgerichteter geworden. Durch die Unterstützung der anderen habe ich gelernt, daß die Konzentration auf weniger sehr viel mehr bringt."

Haben Sie diese Statements neugierig gemacht? Dann sollten Sie sich gleich dem nächsten Punkt zuwenden.

5. Wann bringt Sie ein Erfolgsteam weiter?

Menschen entscheiden sich für ein Erfolgsteam, wenn sie an einem Punkt in ihrem Leben angekommen sind, an dem sie die Weichen neu stellen wollen. Sie befinden sich in einer Umbruchphase, das heißt, sie sind mit ihrer beruflichen oder persönlichen Situation so unzufrieden, daß sie bereit sind, etwas anderes auszuprobieren. Sie möchten sich in eine neue Richtung bewegen und brauchen dafür Anregungen und Unterstützung. Viele haben bereits mehrere Anläufe unternommen, sind alleine jedoch nicht vorangekommen.

Es gibt Phasen im Leben, die durch innere Unruhe und Unzufriedenheit gekennzeichnet sind. In diesem Zusammenhang sind die die allgemeinen Lebenszyklen zu nennen, die in Sieben-Jahres-Rhythmen verlaufen. Vielleicht haben Sie bereits selber festgestellt, daß nach einer bestimmten Anzahl von Jahren eine Veränderung eintrat und sich möglicherweise tiefgreifende Einschnitte in Ihrem Leben ergaben. Beispiele dafür sind der Eintritt ins Berufsleben, ein Arbeitsplatzwechsel, Heirat, Scheidung oder vergleichbare Ereignisse. Das Leben unterliegt gewissen Gesetzmäßigkeiten, die nur dem bewußt werden, der sich die Zeit nimmt, das Leben einmal im Überblick anzusehen.

Der Lebenslauf des Menschen läßt sich in drei große Abschnitte gliedern:[1]

- die erste Phase der körperlichen Entwicklung, die von der Geburt bis zum 21. Lebensjahr reicht,
- die mittlere Phase der seelischen Entwicklung vom 21. bis 42. Lebensjahr und daran anschließend
- die dritte Phase der geistigen Entwicklung, die zur persönlichen Reife führt.

Jede dieser Phasen läßt sich durch besondere Aufgaben charakterisieren:

In der ersten Phase überwiegt das Nehmen und Empfangen. Hier erfolgt die Vorbereitung auf die Aufgaben im Leben. Es ist die Zeit des „Menschwerdens".

In der zweiten Phase ist die Wechselwirkung zwischen Geben und Nehmen besonders ausgeprägt. Es ist die Zeit des „Menschseins".

---

[1] Gudrun Burkhard: Das Leben in die Hand nehmen – Arbeit an der eigenen Biographie, Verlag Freies Geistesleben, 1995.

In der dritten Phase schließlich steht das Geben im Vordergrund. Zugleich ist es die Zeit der „menschlichen Erfüllung".

Diese Phasen sind nicht starr zu sehen, bieten jedoch einen Anhaltspunkt für die eigene Entwicklung. So ist auch die Alterszusammensetzung in den Erfolgsteams kein Zufall. Die meisten Teilnehmer sind zwischen 35 und 50 Jahre alt. Das ist die Phase, in der es darum geht, den Übergang von der einen zur anderen Lebenshälfte zu meistern, und gleichzeitig eine Zeit, in der viele Menschen in eine Krise geraten, weil sie von vielen Hoffnungen, Träumen und Wünschen Abschied nehmen müssen. Dies ist ein schmerzhafter und schwieriger Prozeß. Parallel dazu verschieben sich in diesen Jahren die inneren Werte. Vieles von dem, was in jungen Jahren wichtig war, verliert an Bedeutung. Dadurch kann ein Vakuum entstehen, das mit Unterstützung durch ein Erfolgsteam gefüllt werden kann.

Eine Teilnehmerin hat diese Erfahrung wie folgt beschrieben:

Zu Beginn des Erfolgsteams hat man die Vorstellung, daß Leistung und Leistungsorientierung im Mittelpunkt stehen. Sobald man dann im Team arbeitet, stellt man im konkreten Erleben fest, daß es um etwas anderes geht. Denn die Arbeit im Team und an den eigenen Zielen tangiert die ganze Persönlichkeit. Es stellt sich sehr schnell die Frage: *Was will ich wirklich? Welches ist das Hauptthema meines Lebens?* Die eher spontane Entscheidung für ein Ziel wird relativiert und abgeklopft. Durch das Einstiegsseminar entsteht eine Nähe unter den Teilnehmern, die sich auch in den Sitzungen bemerkbar macht. Sie hilft dabei, sich auf überraschende Wendungen einzulassen und sich den grundlegenden Fragen des eigenen Lebens zu stellen.

6. Anwendungsbeispiele

Nachfolgend finden Sie Beispiele für Ziele, die sich Teilnehmer an Erfolgsteams vornehmen.

Beispiel 1

Durcharbeiten eines Trainingsprogramms für beruflichen Erfolg: Das Ziel bestand darin, die Inhalte im beruflichen Alltag umzusetzen. Vorgeschichte: Die Teilnehmerin hatte bereits zwei Versuche unternommen, das Buch *Das Geheimnis des Erfolgs* von Og Mandino durchzuarbeiten und die dort beschriebenen Erfolgsprinzipien in ihren Berufsalltag zu integrieren. Mit ihrem Einstieg in ein Erfolgsteam hoffte sie, es endlich zu schaffen.

Im Laufe der ersten Wochen entwickelte sie die Idee, die ihr half, das Trainingsprogramm, das über 45 Wochen hinweg täglich zehn Minuten Lesezeit erfordert, in ihren Alltag einzubauen. Sie sprach die einzelnen Kapitel auf Kassette, um sie sich auf der Fahrt zur und von der Arbeit anzuhören. Die anderen Teilnehmer bestärkten sie darin, diese abgewandelte Handhabung des Trainingsprogramms – hören statt lesen – auszuprobieren. Die Methode bewährte sich, und die sonst eher unproduktiven Fahrtzeiten wurden sinnvoll genutzt. Nach und nach konnte die Teilnehmerin die Prinzipien des Buches in ihren Alltag integrieren und dadurch unter anderem zu mehr Gelassenheit gelangen. Die Teilnehmerin war sehr zufrieden mit dem „Kick“, den ihr das Erfolgsteam für die Erreichung dieses Ziels gegeben hatte.

Beispiel 2

Suche nach einem neuen Arbeitsplatz: Zu Beginn seiner Zeit im Erfolgsteam war sich dieser Teilnehmer noch unschlüssig darüber, wie seine neue Stelle genau aussehen sollte. Er wußte lediglich, daß er nicht bereit war, die sich verschlechternde Stimmung im Unternehmen noch lange zu tolerieren. Nach vier Monaten hatte er Klarheit über das gewünschte Stellenprofil. Das war Ausgangsbasis für eine intensive Stellensuche, die bereits einen Monat später zu einem neuen Arbeitsplatz mit veränderten Aufgaben führte.

Beispiel 3

Aufbau eines zweiten Standbeins als Trainerin zu Lasten der bisherigen Tätigkeit: Diese Teilnehmerin hatte sich als Ziel vorgenommen, innerhalb von zwölf Monaten, ihre Tätigkeit als Texterin deutlich zu reduzieren und sich statt dessen stärker als Trainerin im Bereich Korrespondenz und Kommunikation zu etablieren. Das Team half ihr dabei, ihre Pläne konsequent zu verfolgen. Sie ist sehr zufrieden mit der Entwicklung und dem Umfang ihrer Trainingsaufträge.

Beispiel 4

Begleitung beim Übergang von der Arbeitslosigkeit in eine selbständige Tätigkeit: Der Teilnehmer war als Angestellter dem Stellenabbau zum Opfer gefallen. Aufgrund seines Alters und der hohen Qualifikation als Physiker war er nicht in der Lage, einen neuen adäquaten Arbeitsplatz zu finden. Deshalb konzentrierte er sich darauf, sich eine freiberufliche Existenz als Dozent aufzubauen. Am Anfang seiner Zeit im Erfolgsteam versuchte er dies auf mehreren Gebieten. Nachdem er sich mit Unterstützung durch das Team auf seine Kernkompetenzen konzentriert hatte, setze er sich weitere Ziele, denen er inzwischen ein gutes Stück näher gekommen ist. Nach den ersten sechs Monaten im Team blickt er zuversichtlich in die Zukunft.

Beispiel 5

Einführung eines Nahrungsergänzungsmittels auf dem deutschen Markt: Die Teilnehmerin beschäftigt sich seit Jahren mit gesunder Ernährung und dadurch auch mit der Möglichkeit, durch Nahrungsergänzungsmittel zu einer besseren Gesundheit beizutragen. Bereits vor ihrem Eintritt in ein Erfolgsteam hatte sie ein entsprechendes Präparat entwickelt und auf den Markt gebracht. Sie hatte sich für das erste Jahr jedoch ein zu hohes Umsatzziel gesteckt. Inzwischen weiß sie, daß dieses Ziel realistisch erst nach drei Jahren erreichbar ist. Parallel hat sie andere Projekte begonnen, die ihr Einkommen sichern.

Dies sind Beispiele, die Sie anregen und einstimmen sollen. Im Verlauf des Buches werden Sie weiteren Teilnehmern begegnen, die durch ein Erfolgsteam zu Ergebnissen gelangten, die sie so nicht für möglich gehalten hätten. Diese Menschen spornten ihre Umgebung an, selbst in ein Team einzusteigen und von der Energie und dem Schwung zu profitieren, die in Erfolgsteams entstehen.

7. Das Ende des Rattenschwanzes

Gaby B. arbeitete viele Jahre angestellt und selbständig erfolgreich als Texterin. Seit 1994 ist sie auch im Trainingsbereich tätig, wo sie sich stärker engagieren möchte. Wie ihr die Mitgliedschaft im Erfolgsteam geholfen hat, dieses und andere Ziele zu erreichen, erzählt sie hier.

Als ich von der Idee der Erfolgsteams hörte, war ich der Meinung, daß ich mich gut im Griff habe und deshalb kein Team brauche. Dennoch bin ich neugierig zum Einführungsabend gegangen, um dort vielleicht neue Anregungen zu erhalten. An dem Abend hat sich schnell ein Team zusammengefunden, und bereits beim ersten Treffen stellte sich für mich heraus, daß es sehr viel effektiver ist, wenn man sich regelmäßig trifft und sich strukturiert austauscht. In der ersten Zeit habe ich gemerkt, wie schnell die zwei Wochen zwischen den Treffen vergehen. Durch das Team erledige ich viele Dinge vor dem nächsten Treffen und nicht erst „nächste Woche". Ich habe erkannt, daß die Zugehörigkeit zum Team vieles beschleunigt, weil ich ein besseres Gefühl für Zeit an sich bekommen habe. Wenn ich mir heute etwas vornehme und es wirklich bis zu einem bestimmten Zeitpunkt erledigen möchte, finde ich in den meisten Fällen auch die Zeit dafür. Vorher mußte ich mir im Zusammenhang mit Projekten oft sagen: „Das wollte ich zwar, habe es aber nicht geschafft." In der nächsten Woche schaffte ich es dann allerdings wieder nicht. So wurde daraus ein Rattenschwanz, den ich ständig hinter mir herzog.

Als ich mit dem Erfolgsteam begann, hatte ich mir vorgenommen, meine Trainings auszubauen. Dieses Ziel habe ich weitgehend verwirklicht. Geholfen hat mir mein Team dabei zum Beispiel durch Brainstormings zu möglichen Trainingskonzepten. Indem ich die anderen fragte: „Was stellt ihr euch unter diesem Thema vor?", erhielt ich sehr gute Anregungen, nicht zuletzt dazu, was sie auf keinen Fall in einem Training wollten. So konnte ich Fallen von Anfang an vermeiden. Ich fand es sehr wertvoll, daß sich fünf Menschen aus ihrer Perspektive um mich und meine Ziele Gedanken machten. Sie versuchten, sich in meine Situation zu versetzen und mein Problem zu lösen. Dabei wurden immer wieder neue Aspekte angesprochen, auf die ich selber nicht gekommen wäre. Dabei ist das Wertvolle für mich, daß ich neue Anregungen erhalte.

Ein wesentlicher Punkt ist für mich die Offenheit im Team. Sie geht auf die erste Teamsitzung zurück. Durch die Übung „Hinter dem Rücken reden" entstand eine positive Stimmung, die sich bis heute durchzieht. Es ist überhaupt kein Konkurrenzdenken vorhanden. Die Stimmung im Team ist offen, herzlich und uneigennützig. Das Schöne ist, daß jede – es ist ein reines Damen-Team! – Unterstützung in dem Maße erhält, wie sie das erwünscht oder erbittet. Es ist eine große Hilfsbereitschaft vorhanden, ohne daß sich jemand ausgenutzt fühlt. Jede kommt gerne und bedauert, wenn sie einmal verhindert ist. Das Team lebt stark davon, was jede bereit ist einzubringen. Da können wir uns nicht beklagen. Alle sind engagiert dabei, weil alle Ziele haben und daran arbeiten wollen.

Ich möchte dazu ein Beispiel bringen. Ich habe in der Zeit ein Buch zum Thema Direktwerbung, speziell zur Planung und Durchführung von Direct Mailings, geschrieben. Ich schreibe schon sehr lange, und das Buch ist etwas, was ich alleine im stillen Kämmerlein mache. Dennoch war es wunderbar, die Unterstützung aus dem Team zu haben. Es war sehr konstruktiv und liebevoll, weil die andere Person angenommen wird, wie und wo immer sie augenblicklich steht. Eine andere Teilnehmerin schreibt beispielsweise selber Bücher und sagte mir, das sei wie eine Geburt. Wenn man fertig ist, freut man sich darüber.

Auch zum Buch selbst haben wir ein Brainstorming gemacht. Die anderen sagten mir, was ihnen an solch einem Buch wichtig wäre, nämlich daß es Beispiele und Einstiegshilfen enthalten und nicht so trocken sein sollte. Das hat mich in meinem Vorhaben bestärkt.

Auch die Nachfragen, ob ich mein Tagespensum geschafft habe, und generell die Anteilnahme der anderen waren sehr wohltuend. Das hat dazu geführt, daß ich meinen Termin letztlich doch einhalten konnte. Gerade beim ersten Buch ist es sehr wichtig, nicht allein zu sein, weil es doch eine ziemliche Kraftanstrengung ist.

Was das Team angeht, finde ich die Struktur im Ablauf sehr gut und sehr wichtig. Es kann zwar mal vorkommen, daß wir uns eine Stunde „verquatschen", einfach weil wir uns so gut verstehen. Doch dann kehren wir immer zur Struktur zurück. Ich selber arbeite nicht so strukturiert und deshalb hilft es mir, mich bewußt an diese Struktur zu halten und zu sehen, wie unter einem gewissen Zeitdruck doch gute Ergebnisse herauskommen. Das ist auch ein Grundsatz bei Kreativitätstechniken, daß man sich konzentriert für kurze Zeit mit etwas beschäftigt und dadurch zu Ergebnissen gelangt. Die Disziplin, die ich dadurch für mich selber gelernt habe, tut sehr gut.

Es gibt natürlich immer Themen, bei denen wir auch mal auf die Disziplin pfeifen, z.B. wenn jemand ein persönliches Problem hat. Das besprechen wir dann gemeinsam, egal wie lange es dauert. Da sind wir uns alle einig, daß die strenge Struktur nicht paßt.

Ich finde es sehr schön, die Entwicklung der einzelnen Teilnehmerinnen im Erfolgsteam mitzuerleben und zu sehen, wie sie sich im Laufe der Zeit verändert haben. Einige sind selbstbewußter geworden und richtig aufgeblüht. Es ist einfach toll, miteinander zu wachsen. Insofern wird es mir auch schwerfallen, irgendwann einen Schlußstrich zu ziehen, denn die gemeinsame Zeit war und ist sehr angenehm.

Ich möchte die Teilnahme an einem Erfolgsteam jedem empfehlen, der bereit ist, etwas zu verändern. Das sind in erster Linie Menschen, die mit ihrer Situation unzufrieden sind und wissen, daß sie selber etwas tun müssen. Menschen, die nicht darauf warten, daß sich andere oder die Umstände ändern. Diese Personen können am meisten von der Unterstützung der Teammitglieder profitieren. Im Grunde ist es ideal für alle, die etwas in ihrem Leben verändern wollen, sei es privat oder beruflich.

In den festen Strukturen eines Unternehmens ist es vielleicht schwieriger zu erkennen, wo man etwas verändern kann. Doch auch da halte ich es für wichtig und fast noch nötiger als bei Selbständigen, die ohnehin oft mehr Eigeninitiative und einen größeren Freiraum haben. Als Angestellter meint man oft, man hätte diese Freiheiten nicht. Doch auch dort sind sie vorhanden, und es läßt sich vieles erreichen, wenn man sich nur traut, die Dinge anders zu machen.

II.

Grundlagen

1. Sinn und Zweck eines Erfolgsteams

In den USA, wo die Idee der Erfolgsteams entstanden ist, wird sehr viel mit sogenannten Mission Statements gearbeitet. Das sind Aussagen und Leitsätze, eine Art Zweckbestimmung, die das Handeln eines Unternehmens oder auch einer Einzelperson bestimmen. Natürlich hatte auch das Empowerment Team in Seattle ein Mission Statement. Es lautet:

- Wir finden uns als Team zusammen, um uns gegenseitig darin zu unterstützen, unsere Ziele zu erreichen, zielgerichtet vorzugehen, sinnvolle Schritte zu unternehmen und unsere Versprechen einzuhalten;
- um einander liebevoll und vorurteilsfrei zuzuhören;
- um unsere Einsichten und Gefühle in unterstützender Form mitzuteilen und um das zu bitten, was wir möchten;
- um uns gegenseitig herauszufordern und darin eine Möglichkeit zu persönlichem Wachstum zu sehen.

Klingt ein bißchen salbungsvoll, meinen Sie? Für unsere deutschen Ohren und für unsere eher nüchternen Seelen sind die Worte in der Tat etwas dick aufgetragen. Ich habe dieses Mission Statement trotzdem zitiert, weil es alle

Kernelemente enthält, die dazu beitragen, daß die Arbeit in einem Erfolgsteam positiv verläuft und für alle Beteiligten zu einem Ergebnis führt. Für die pragmatischen Amerikaner hat solch eine Zweckbestimmung auch die Funktion, daß man sie sich immer wieder anschauen und sich daran erinnern kann, warum man das tut, was man tut. Es ist ein Merkposten und auch ein Motivationsfaktor, wenn die Dinge zeitweise nicht so laufen, wie man es sich vorstellt.

Was motiviert nun Menschen dazu, sich für ein Erfolgsteam zu entscheiden? Hier einige der Beweggründe, die von Teilnehmern genannt werden:

- Neugier auf eine unbekannte und dennoch vielversprechende Methode,
- die Hoffnung, durch ein Team schneller zu greifbaren Ergebnissen zu gelangen,
- der Wunsch, erste Schritte zu unternehmen auf einem neuen und noch mit Unsicherheit und Angst gepflasterten Weg,
- die Herausforderung durch die anderen Teilnehmer und
- der Austausch mit und die Unterstützung durch Gleichgesinnte, mit denen man Siege und Niederlagen teilen kann.

Nun werden einige der genannten Gründe etwas genauer betrachtet.

Schneller ans Ziel kommen

Wie ein roter Faden zieht sich bei den Teilnehmern von Erfolgsteams die Überzeugung durch, daß sie dank der Unterstützung durch ihr Team schneller ans Ziel gelangen. Das heißt nicht, daß sie es alleine nicht schaffen könnten. Die meisten Teilnehmer sind von Natur aus sehr motiviert und zielstrebig und könnten daher auf eine Unterstützung von außen durchaus verzichten. Dennoch entscheiden sie sich für ein Team. Sie versprechen sich davon, noch schneller und konsequenter Ergebnisse zu erzielen. Es sind vor allem zwei Punkte, die dazu beitragen:

1. Die größere Disziplin durch die regelmäßigen Treffen und
2. die Anregungen durch das Team.

Gerade Menschen, die von Natur aus sehr zielstrebig und diszipliniert sind, wissen die zusätzliche Motivation durch ein Erfolgsteam zu schätzen. Sie verschieben Aufgaben nicht mehr „auf morgen" oder nächste Woche, sondern erledigen sie vor der anstehenden Teamsitzung. Statt einen Rattenschwanz an unerledigten Aufgaben hinter sich herzuziehen, arbeiten sie kontinuierlich an ihrem Ziel und bewegen sich damit ohne Umschweife und Ausflüchte in die angepeilte Richtung. Das Ergebnis ist, daß sie schneller dort ankommen.

Austausch mit anderen

Viele Teilnehmer sind freiberuflich oder selbständig tätig und arbeiten dabei meistens als „Einzelkämpfer". Sie verbringen viel Zeit allein in ihren Büros, und es fehlt ihnen der regelmäßige Austausch mit anderen Menschen in vergleichbarer Situation.

Eine Teilnehmerin hat ihre Teamsitzungen als *social event* bezeichnet, als eine Einrichtung, die dazu beiträgt, daß sie sich in ihrer beruflichen Tätigkeit nicht so allein fühlt. Diese Einschätzung ist unabhängig davon, ob man Familie hat oder als Single durchs Leben geht. Entscheidend ist der regelmäßige Austausch mit anderen, die die Sorgen und Nöte, aber auch die Freuden und Erfolge der Selbständigkeit kennen und teilen.

Gegenseitige Herausforderung

Einen weiteren Faktor, der für die Erfolgsteams spricht, nennen die Engländer *peer pressure*. Es ist der durch die Mitgliedschaft in der Gruppe entstehende Druck. Da am Ende jeder Sitzung die Schritte bis zum nächsten Treffen festgelegt und auch schriftlich festgehalten werden, entsteht ein gewisses Maß an Verbindlichkeit, mit dem sich jeder einzelne selber unter Druck setzt.

Wichtig ist, daß dieser Druck nicht durch die anderen Teammitglieder entsteht. Denn niemand wird nachfragen und bohren: „Warum hast du das denn nicht gemacht?“ Es kann allerdings vorkommen, daß nach einiger Zeit jemand die – vielleicht mit dem Angebot der Unterstützung verbundene – Frage stellt: „Bist du sicher, daß du das (was du dir vorgenommen, aber bislang nicht getan hast) überhaupt willst?“

Je nach Naturell fällt es dem einzelnen schwerer oder leichter, vor andere hinzutreten und zuzugeben, etwas nicht erledigt zu haben. Den meisten Menschen ist es sehr wichtig, ihr Gesicht zu wahren. Sie bereiten sich daher lieber sorgfältig auf das nächste Treffen vor. Immer wieder höre ich von Teilnehmern, daß es ihnen mit dem positiven Druck durch das Team im Nacken leichter fällt, eine Aufgabe durchzuführen, die sie andernfalls doch wieder verschoben hätten. Das ist besonders im Sommer der Fall, wenn es viel verlockender wäre, zum Baden zu fahren, statt die geplanten Aufgaben zu erledigen. Manche sind allerdings schon auf die Idee gekommen, beides miteinander zu kombinieren und die „Hausaufgaben“ für die nächste Sitzung am Wasser zu erledigen.

Liebevolle Unterstützung

In einem Erfolgsteam treffen Sie Menschen, die etwas aus ihrem Leben machen wollen und dabei auch ein gewisses Maß an Erfolg anstreben. Es ist diese gemeinsame Ausrichtung, die dazu beiträgt, daß in den Teams ein positives Klima herrscht. Die Zusammenarbeit ist vom Wunsch geprägt, sich gegenseitig Hilfestellung zu geben. Diese Unterstützung ist um so wirkungsvoller, je größer die Akzeptanz für andere Vorgehensweisen und Meinungen ist. Wer sich hingegen grundsätzlich für besser hält als andere, bringt dieses Gefühl der Überlegenheit auch in einem Erfolgsteam zum Ausdruck und riskiert, genau daran zu scheitern.

Mit einer von Neugier und Toleranz geprägten Einstellung können Sie im Gegensatz dazu sehr viel gewinnen. Im Team haben Sie ein Forum, in dem Sie manchen Ärger und Frust abladen können und Aufmunterung und Stärkung erhalten. Die anderen Teammitglieder kennen Tiefpunkte aus eigener Erfahrung und wissen, wie man aus diesen Situationen wieder herauskommt. Im Team können Sie mit Gleichgesinnten sprechen und dadurch Druck ablassen. Dort stoßen Sie auf offene Ohren. Sie werden aufgemuntert und auf andere Gedanken gebracht. Dies ist allerdings nur möglich, wenn sich die Mitglieder mit einer offenen, liebevollen Einstellung begegnen, die den anderen so sein läßt, wie er oder sie ist.

Eine Teilnehmerin hat dies folgendermaßen ausgedrückt: „Man sollte nicht unterschätzen, wie wichtig es ist, daß man mitverfolgen darf, wie es den anderen im Team geht. Mal gut, mal schlecht – genau wie im eigenen Leben. Das ist ein Trost, den man manchmal braucht und der einem weiterhilft."

Erfolge gemeinsam feiern

Was machen Sie, wenn Ihnen etwas wirklich gut gelungen ist? Mit wem sprechen Sie darüber? Wer freut sich mit Ihnen? Für mich ist es ganz wichtig, daß ich Menschen um mich habe, von denen ich weiß, daß sie sich mit mir darüber freuen, wenn ich erfolgreich war. Ich kann sie anrufen und ihnen von dem wichtigen Auftrag erzählen, den ich bekommen habe, oder von der schwierigen Verhandlung, die mir im Magen lag und die ich zu einem guten Abschluß führen konnte.

Gerade für Selbständige ist es wichtig, Menschen zu haben, die nachvollziehen können, was es bedeutet, sich einen weiteren Auftrag zu sichern oder eine wichtige Hürde zu überwinden. Familie oder Partner sind da nicht immer die besten Gesprächspartner, denn sie sind subjektiv und finden – hoffentlich – alles gut, was Sie erreichen. In Ihrem Erfolgsteam dagegen sind Sie von Gleichgesinnten umgeben, die Ihnen objektiver gegenüberstehen. Sie können die Bedeutung von entscheidenden Schritten leichter nachvollziehen, denn sie haben die Zweifel oder die Ängste im Vorfeld miterlebt und kennen sie meist aus eigener Erfahrung.

Zugleich bedeutet jeder Erfolg, der im Team gefeiert wird, einen zusätzlichen Ansporn für die eigene Arbeit. Wenn Sie selbst noch keinen Grund zum Feiern haben, werden Sie durch die Erfolge der anderen zu weiteren Anstrengungen ermutigt. Erleben Sie hingegen einen Durchbruch, dann spornen Sie damit die anderen an. So entsteht auch hier eine Wechselwirkung, die nicht zu unterschätzen ist.

2. Voraussetzungen

Es gibt einige Voraussetzungen, die erfüllt sein müssen, damit die Zusammenarbeit in einem Erfolgsteam gut funktioniert. Wenn ein Team nicht recht „ins Laufen" kommt, liegt es meist daran, daß eine der folgenden Voraussetzungen nicht vorhanden ist:

- Vertrauen in der Gruppe,
- die Bereitschaft, etwas Neues zu lernen,
- der strukturierte Ablauf der Sitzungen.

Vertrauen in der Gruppe

Die Grundvoraussetzung für die erfolgreiche Zusammenarbeit in einem Erfolgsteam besteht darin, daß alle Mitglieder ein gewisses Maß an Offenheit mitbringen. Wer nicht offen ist für das, was andere zu sagen haben, ist in einem solchen Team am falschen Platz. Durch Offenheit entsteht Vertrauen in der Gruppe.

Sicherlich kennen Sie folgende Situation: Sie sind in einem Gespräch, in dem es um wichtige Punkte geht. Doch Sie haben das Gefühl, daß Ihr Gegenüber mit irgend etwas hinter dem Berg hält. Was genau es ist und woran Sie es festmachen, können Sie nicht sagen, und dennoch haben Sie diesen Eindruck. Die Folge davon ist, daß Sie selbst nicht mit offenen Karten spielen. Sie werden nicht alle Informationen auf den Tisch legen und nicht alles sagen, was Sie wissen.

Die Zusammenarbeit in einem Erfolgsteam wird im Laufe der Zeit recht eng. Die Teammitglieder lernen sich mit ihren Vorlieben und Eigenarten, ihren Stärken und natürlich auch ihren Schwächen sehr gut kennen. Daher ist es wichtig, ein vertrauensvolles Verhältnis zueinander zu entwickeln. Dieses Vertrauen bildet die Grundlage dafür, daß Sie sich öffnen und auch Punkte ansprechen können, die Sie als heikel empfinden. Nur in einem Klima der Offenheit können Sie das Visier fallen lassen und darauf verzichten, den anderen ein vermeintlich perfektes Selbstbild zu präsentieren.

Das Ganze basiert auf Gegenseitigkeit: Nur wenn jeder bereit ist, darauf zu verzichten, sich ständig in Bestform präsentieren zu müssen, kann die Zusammenarbeit im Team auf Dauer funktionieren. Die Menschen entwickeln ohnehin bald ein Gespür für die Schwächen der anderen. Wer zu den eigenen Ecken und Kanten steht, hat weniger Probleme mit der Akzeptanz durch andere. Denn wo nichts im Verborgenen gehalten wird, haben andere auch nicht das Bedürfnis, etwas herauszulocken.

Bereitschaft, Neues zu lernen

Ein Erfolgsteam bietet die Möglichkeit, enorm viel zu lernen – über sich selber, über den Umgang mit Zielen, darüber, wie andere vorgehen, welche Methoden und Möglichkeiten es gibt, sich einem Ziel zu nähern, über menschliches Verhalten ganz allgemein. Wer gerne Neues lernt, dem bietet das Team viele Gelegenheiten dazu.

In den bestehenden Erfolgsteams finden sich Menschen unterschiedlicher Herkunft zusammen, die sich vorher meist nicht kannten oder sich nie begegnet wären. Manchmal treffen dadurch auch Menschen zusammen, die einander von ihrem Naturell her fremd sind. Doch gerade dadurch entstehen neue Ansätze. Die Teilnehmer erhalten die Chance, etwas über sich und ihre Wirkung auf andere zu erfahren. Darüber, wie sie mit Menschen umgehen, die anders sind als sie selbst. Sie entdecken, daß Probleme und Ziele anders angegangen werden können, als sie es bisher gewohnt waren. Damit erweitern sie ihr Spektrum an Handlungsweisen, ihr Repertoire an Möglichkeiten zur Problemlösung und erhalten neue Anregungen und Ideen. Anstatt immer wieder die gleichen Wege zu beschreiten, ergeben sich in einem Erfolgsteam Gelegenheiten, neue Verhaltensweisen nicht nur kennenzulernen, sondern sie in einem geschützten Rahmen auch auszuprobieren.

Strukturierter Ablauf der Sitzungen

Eine klare Struktur hilft bei der erfolgreichen Umsetzung der definierten Ziele. Sie ist auch ein wesentliches Element für die Durchführung der Treffen und damit ein Garant für den Erfolg jedes einzelnen Mitglieds. Die Struktur gibt einen Rahmen vor, der sich bewährt hat. Was das einzelne Mitglied oder auch das Team daraus macht, ist individuell verschieden – je nach Temperament und der persönlichen Bereitschaft zur Offenheit und auch zum Vertrauen in die Dynamik der Gruppe.

Jedes Team entwickelt im Laufe der Zeit einen eigenen Charakter. Es gibt sehr temperamentvolle Teams, in denen es schnell und direkt zur Sache geht. Daneben gibt es auch Gruppen, die sich nur langsam entwickeln, die eine lange Zeit brauchen, bis die Mitglieder miteinander warm werden. Das tut den Ergebnissen jedoch keinen Abbruch, denn auch in den „langsamen" Teams wird sehr produktiv und mit guten Resultaten gearbeitet.

Letztlich finden sich in einem Team immer die richtigen Personen zusammen. Es begegnen sich dort die Menschen, die einander etwas vermitteln und sich damit gegenseitig weiterbringen können. Zugleich halten sie sich auch gegenseitig den Spiegel vor. Das ist nicht immer bequem, und einige Menschen ertragen das nicht. Sie ziehen dann bald die Konsequenzen, finden alles nur

Erdenkliche an ihrem Team auszusetzen und scheiden spätestens nach Ablauf von sechs Monaten aus dem Team aus, oder sie nehmen nur unregelmäßig an den Sitzungen teil und klinken sich auf diese Weise aus einem möglichen Lernprozeß aus.

3. Struktur

Erfolgsteams zeichnen sich dadurch aus, daß sie einer durchdachten Struktur folgen. Das macht den Kern der Arbeit in den Teams und letztlich ihren Erfolg aus. Die Struktur besteht aus den nachfolgenden Punkten:

- die Größe der Teams,
- die Regelmäßigkeit und Häufigkeit der Treffen,
- den vereinbarten Ablauf und die begrenzte Dauer der einzelnen Treffen und schließlich
- die Selbstorganisation der Teams.

Größe der Teams

Ein Erfolgsteam besteht in der Regel und im Idealfall aus vier bis sechs Personen. Derzeit gibt es ein kleineres Team mit nur drei Mitgliedern. Die bisherige Erfahrung hat jedoch gezeigt, daß Gruppen aus vier bis sechs Teilnehmern ideal sind.

Mehr als sechs Personen verkraftet ein Team nicht, ohne daß es bei den Teilnehmern zu Ermüdungserscheinungen kommt. Im Verlauf einer Sitzung lassen bei zu großen Teams Konzentration und Aufmerksamkeit nach, wodurch die letzte Person nicht mehr das Ergebnis erzielen und die Unterstützung erhalten kann, die bei nur einer Person weniger noch möglich wäre.

Zudem würde auch der zeitliche Rahmen gesprengt. Bei sechs Personen liegt dieser bereits bei etwa zweieinhalb Stunden. Alles, was darüber hinausgeht, überfordert die Aufnahmebereitschaft des einzelnen. Energie und Elan schwinden, wenn man sich auf zu viele Menschen und zu viele Bedürfnisse einstellen muß. Damit ginge der positive Effekt eines Erfolgsteams verloren. Und das wäre schade.

Bei drei Personen wird es problematisch, wenn sie sich nicht in idealer Weise ergänzen. In einem Dreierteam kann es zu einer Frontenbildung kommen, die sich störend auf das Arbeitsklima auswirkt.

Als ich im Sommer 1995 mein erstes Team in Deutschland gründete, ergab sich eine derartige Konstellation. Das ging für einen Zeitraum von etwa vier Monaten recht gut, da alle darauf bedacht waren, keine Fronten entstehen zu lassen.

In den Sitzungen kam es dennoch immer wieder zu kleineren Unstimmigkeiten bei der zeitlichen Disziplin. Wenn zwei Teilnehmerinnen den zeitlichen Rahmen etwas lockerer sehen, ist es für die Dritte schwer, auf einer Einhaltung der Zeitvorgaben zu bestehen. Dies war einer der Gründe dafür, das Team auf sechs Personen zu erweitern. Die Erweiterung hat sich auch deshalb bewährt, weil durch sechs Teilnehmer sehr viel mehr Anregungen entstehen.

Eine besondere Konstellation ist das Zweierteam. Es funktioniert anders als das klassische Erfolgsteam, weil in einem Zweierteam der Austausch nach anderen Grundsätzen verläuft. Die beiden Partner sind sehr viel stärker aufeinander bezogen und müssen sich daher in idealer Weise ergänzen. Dies gilt insbesondere im Hinblick auf die persönliche Einstellung zu Disziplin und Arbeitseinsatz. Wenn hier keine Übereinstimmung besteht, kommt es schnell zu Verschleißerscheinungen, und das ist der Anfang vom Ende eines kleinen Teams.

Regelmäßigkeit und Häufigkeit der Treffen

Erfolgsteams treffen sich üblicherweise in einem Rhythmus von zwei Wochen. Bei diesem zeitlichen Abstand behält man seine Vorhaben im Auge und ist sich bewußt, daß man am Ball bleiben muß. Denn nur so kann man das schaffen, was man sich von einer Sitzung zur nächsten vorgenommen hat.

Eines der bestehenden Teams hat sich jedoch auf Treffen alle drei Wochen geeinigt und damit gute Erfahrungen gemacht. Dies hängt auch mit der beruflichen Situation der Mitglieder zusammen. Zu diesem speziellen Team gehören zwei Frauen, die beruflich viel unterwegs sind. Da ist es schwierig, sich regelmäßig alle vierzehn Tage zu treffen und bis dahin auch noch die „Hausaufgaben" zu erledigen.

Zeitabstände von mehr als drei Wochen sind allerdings nicht empfehlenswert. Bei so langen Pausen zwischen den Sitzungen geht die Ausrichtung auf das Ziel verloren, und die Spannung sinkt deutlich ab. Dann unterscheidet sich ein Erfolgsteam kaum noch vom monatlichen Stammtischtreffen, bei dem keine Ergebnisse erzielt werden, sondern der persönliche Austausch im Vordergrund steht.

Wöchentliche Treffen haben sich in Deutschland anders als in den USA bislang nicht durchgesetzt. Dies hat meines Erachtens damit zu tun, daß die Teilnehmer viele weitere Verpflichtungen haben. Sie können und wollen nicht alles andere zurückstellen um sich eine Zeitlang ausschließlich auf ein bestimmtes Vorhaben zu konzentrieren.

Ein Bereich, in dem wöchentliche Treffen vorstellbar und empfehlenswert sein können, sind Teams aus Arbeitslosen. Die Suche nach einem Arbeitsplatz ist eine Vollzeitbeschäftigung, und wöchentliche Treffen helfen, Frustrationen und Fehlschläge leichter zu verarbeiten. Weitere Gedanken hierzu finden Sie im dritten Teil, wenn es um die Personen- und Berufsgruppen geht, für die sich Erfolgsteams empfehlen.

Ablauf von Teamsitzungen

Jede Sitzung eines Erfolgsteams verläuft in drei Runden: Einstieg, Unterstützungsphase und Zielsetzung. In jeder dieser Runden kommen alle zu Wort und haben Gelegenheit sich einzubringen.

1. Runde: Einstieg

Jede Sitzung beginnt damit, daß sich die Mitglieder über den Stand der Dinge informieren und berichten, was aus den Punkten geworden ist, die sie sich beim letzten Mal vorgenommen hatten. Die Leitfragen dieser Runde lauten:

- Wo stehe ich?
- Was ist seit dem letzten Treffen passiert?
- Was habe ich erreicht?

Die Einstiegsphase dient dem Ankommen und Aufwärmen. Sie hilft dabei, sich auf die Sitzung und die anderen Teilnehmer einzustellen, und hat im Ablauf des Treffens eine wichtige Funktion.

Diese Runde erfüllt noch einen weiteren Zweck. Auch wenn einige Teammitglieder in der Zeit von einem Treffen zum nächsten untereinander in Verbindung stehen, haben die meisten zwischen den Sitzungen keinen Kontakt.

Durch den Bericht am Anfang bringen sich die Teilnehmer gegenseitig auf den neuesten Stand. Dadurch wissen alle, wer wo steht und wie es den anderen seit dem vorigen Treffen ergangen ist. Es ist auch eine wichtige Grundlage für die zweite Runde, die Unterstützungsphase.

Wenn Sie sich auf die Sitzungen vorbereiten – und das sollten Sie tun, damit Sie möglichst effektiv arbeiten können –, dann hilft Ihnen diese Runde dabei, zu erkennen, was und wieviel Sie erreicht haben. Ein wichtiger und nicht zu unterschätzender Faktor! Sie geben sich damit selber Anerkennung und stärken dadurch Ihr Selbstbewußtsein und Ihr Selbstvertrauen.

In dieser Phase sind fünf Minuten pro Person vorgesehen.

2. Runde: Unterstützungsphase

Die zweite Runde ist zugleich das Kernstück jeder Sitzung. Hier bitten Sie die anderen Teilnehmer um Unterstützung und holen sich konkrete Hilfe. Wichtig ist, daß Sie sich vorher überlegen, was Ihnen weiterhelfen könnte.

Ansatzpunkte für Ihre Überlegungen könnten folgende Fragen sein:

- Wo bin ich ins Stocken geraten?
- Welche Informationen benötige ich, damit ich den nächsten Schritt machen kann?
- In welchem Bereich komme ich nicht so voran, wie ich es mir vorgestellt habe?

In dieser Runde müssen Sie entscheiden, wie Sie Ihre Zeit nutzen wollen. Es gilt der Grundsatz, daß jeder selbst um Unterstützung bitten muß. Nur Sie wissen, was gerade ansteht und was für Sie an diesem Tag wichtig ist. Die anderen warten darauf, daß Sie sagen: „Heute möchte ich dieses und jenes." Oder: „Bei dieser Angelegenheit brauche ich Unterstützung."

Nicht angebracht sind Vorschläge oder Empfehlungen der anderen, wo Sie sich Unterstützung holen sollten. Das würde dem Grundsatz der Selbstverantwortung in den Erfolgsteams widersprechen. Wenn Sie einmal keine Unterstützung benötigen, z.B. weil alles zu Ihrer Zufriedenheit läuft, können Sie Ihre Zeit den anderen zur Verfügung stellen.

Die unterschiedlichen Möglichkeiten der Unterstützung werden in diesem Teil noch ausführlich vorgestellt. Dort finden Sie zahlreiche Anregungen und Beispiele aus den bestehenden Teams.

Die Unterstützungsrunde dauert je nach Größe des Teams 15 oder 20 Minuten pro Person.

3. Runde: Hausaufgaben festlegen

Im dritten und letzten Teil der Sitzung werden die Schritte bis zur nächsten Sitzung festgelegt. Ein Mitglied hält alles schriftlich fest und verschickt diese Liste oder verteilt sie spätestens zu Beginn der nächsten Sitzung an die anderen Teilnehmer. Natürlich notiert auch jeder einzelne das für ihn Wichtige. Durch das Aufschreiben erhalten die Ziele ein anderes Gewicht, als wenn sie nur ausgesprochen und individuell notiert werden. Sie sind dadurch jederzeit nachvollziehbar und überprüfbar.

Damit schließt sich der Kreis zum Ergebnisbericht der ersten Runde.

Für diese Runde ist ein Zeitbedarf von etwa zwei Minuten pro Person geplant.

Beteiligung an den einzelnen Runden

Die Teilnahme an der ersten Runde (Einstieg) und an der dritten Runde (Hausaufgaben festlegen) ist obligatorisch. Hier hat sich jedes Mitglied zu beteiligen, denn diese Runden sind wesentlicher Bestandteil der Struktur eines Erfolgsteams und Garant für den Erfolg, den die Mitglieder im Team für sich erzielen.

Freiwillig ist dagegen die Beteiligung während der Unterstützungsphase. Wie erwähnt, können nur Sie selbst entscheiden, *ob* und *wo* Sie an diesem Tag Hilfe oder Unterstützung brauchen und möchten. Deshalb können Sie sich auch dazu entschließen, Ihre Zeit den anderen zur Verfügung zu stellen. Wer dies mehrfach hintereinander tut, merkt bald, was ihm entgeht. Manchmal braucht es einige Zeit, bis man sich darauf eingestellt hat, daß es vollkommen in Ordnung ist, etwas von anderen zu erbitten. Es gibt Menschen, denen es leicht fällt, anderen etwas zu geben, die jedoch Schwierigkeiten mit der anderen Seite dieser Medaille – dem Nehmen – haben. Oft verlieren sich die Hemmungen schon im Verlauf der ersten Sitzungen, wenn diese Teammitglieder miterleben, wieviel die anderen Teilnehmer von der Unterstützung im und durch das Team haben. Die freiwillige Beteiligung in der Unterstützungsphase bedeutet allerdings nicht, daß Sie sich für die Bedürfnisse der anderen Teilnehmer nicht einsetzen, wenn Sie an einem Tag keinen eigenen Bedarf an Unterstützung haben.

Aus dem geschilderten Ablauf ergibt sich eine überschaubare Dauer der einzelnen Sitzungen, die damit für den einzelnen „berechenbar“ werden. Je nach Größe des Teams dauert eine Sitzung zwischen rund 75 Minuten bei einem Team von drei Personen und etwa zweieinhalb Stunden bei den größten Gruppen mit sechs Personen.

Selbstorganisation

Erfolgsteams sind sich selbst organisierende Teams. Im Gegensatz zu Teams in Unternehmen gibt es hier keinen Teamleiter. Statt dessen ist in einem Erfolgsteam jedes Mitglied für den Erfolg mitverantwortlich.

Natürlich verlaufen auch die Sitzungen eines Erfolgsteams besser und effektiver, wenn eine Person die Leitung übernimmt und sich darum kümmert, daß die zeitlichen Vorgaben eingehalten werden und alles reibungslos verläuft.

Damit sich jeder einmal in dieser Rolle erleben kann, wird abgewechselt. Um keine Diskussionen darüber entstehen zu lassen, wer „dran" ist, hat es sich bewährt, in der alphabetischen Reihenfolge der Vornamen (oder Nachnamen) durchzuwechseln.

Je nach Temperament und Einstellung bereiten sich einzelne mehr oder weniger gründlich auf die Leitung vor. Es ist schon vorgekommen, daß jemand die Vorbereitung „mit links" machte und dann feststellte, daß die Sitzung ziemlich aus dem Ruder lief. Deutliche Kritik der anderen war die Folge. Die Teilnehmerin hat dies zum Anlaß genommen, sich auf die nächste Sitzung unter ihrer Leitung besser vorzubereiten und die Zügel während der Sitzung etwas straffer zu halten.

In jedem Fall haben Sie hier Gelegenheit, in der Praxis auszuprobieren, wie Sitzungen geleitet werden. Einzige Vorgabe ist der Ablaufplan. Dieser Plan hat bislang noch niemanden daran gehindert, eine persönliche Note einzubringen.

4. Verbindlichkeit – das Commitment

Der Aspekt der Verbindlichkeit ist außerordentlich wichtig und meiner Erfahrung nach der entscheidende Faktor dafür, ob ein Team erfolgreich arbeitet oder nicht. Mit „Verbindlichkeit" läßt sich der englische Begriff des *commitment* übersetzen, der jedoch eigentlich noch mehr umfaßt.

Das Lexikon gibt folgende Hinweise zu Commitment: Verpflichtung (obligation), Engagement (dedication), sich für etwas einsetzen (to be commited to s.th.).[1]

Commitment bezeichnet also die Bereitschaft, sich für eine Sache einzusetzen, sich ganz konkret für die eigenen Ziele und für den Erfolg des Teams zu engagieren. Nur dann werden sich Ihre Erwartungen an ein Erfolgsteam auch erfüllen. Wenn im folgenden der Begriff „Verbindlichkeit" verwendet wird, geht es um dieses Commitment.

Es ist die fehlende Verbindlichkeit, an der die Zusammenarbeit im Team scheitern kann, und fehlendes Commitment war auch der Grund für die Auflösung zweier von mir initiierter Teams. Wenn die Auffassungen der Teilnehmer in diesem Punkt auseinandergehen, kommt es zu Spannungen, die in aller Regel nicht zu überbrücken sind. Sie führen dazu, daß einzelne das Team verlassen oder es sich insgesamt auflöst. Es ist daher außerordentlich wichtig, daß Sie sich vor dem Einstieg in ein Erfolgsteam Gedanken darüber machen, ob Sie wirklich bereit sind, das erforderliche Maß an zeitlicher und inhaltlicher Disziplin aufzubringen, um Ihre eigenen Ziele zu erreichen und auch die anderen Teammitglieder auf ihrem Weg zu unterstützen.

Commitment bezieht sich auf zwei Kernbereiche: die Regelmäßigkeit und die Dauer.

---

[1] Pons Collins Großwörterbuch Englisch – Deutsch, S. 125.

Regelmäßigkeit

Verbindlichkeit heißt zum einen, daß Sie an den vereinbarten Sitzungen teilnehmen, weil Sie etwas erreichen möchten. Sie haben ein Ziel vor Augen, und mit jeder Sitzung kommen Sie diesem Ziel ein Stück näher.

Die Termine für die Teamsitzungen werden sechs Wochen im voraus festgelegt. Dadurch kann sich jedes Mitglied darauf einstellen, wann die nächsten Treffen stattfinden, und sich diese Termine freihalten. Eine Festlegung auf einen bestimmten Wochentag, z.B. alle 14 Tage am Donnerstagabend, ist sinnvoll, weil Sie so andere Termine über einen längeren Zeitraum im voraus planen können, auch wenn Sie sich im Team noch nicht endgültig festgelegt haben.

Betrachten Sie die Teilnahme an Ihrem Erfolgsteam als eine geschäftliche Verpflichtung. Oder wie den Termin, den Sie mit Ihrem Arzt vereinbart haben, um einen Gesundheitscheck durchzuführen. In beiden Fällen sagen Sie auch nicht kurzfristig ab, weil Sie keine Lust haben, das Wetter schön ist, oder Ihnen eine andere Sache im Augenblick wichtiger erscheint. Sie nehmen diese Termine wahr, denn Sie verbinden damit ein Anliegen. Sei es nun der Geschäftstermin für den Abschluß eines Auftrags oder der Besuch beim Arzt zur Erhaltung Ihrer Gesundheit. Beides ist Ihnen wichtig, Sie bereiten sich vor und halten die Termine ein.

Das gleiche sollte für die Sitzungen des Erfolgsteams gelten. Teamsitzungen sind Verabredungen, die Sie mit sich selbst und den anderen Mitgliedern haben. Also sollten Sie pünktlich erscheinen und sich auf das vorbereitet haben, was Sie an diesem Tag einbringen und als Unterstützung erhalten wollen.

Doch Commitment heißt nicht nur körperliche Anwesenheit und persönliche Vorbereitung. Es bedeutet auch die Bereitschaft, sich für die Sache und die Anliegen der anderen Teilnehmer zu engagieren. Sich auf deren Bedürfnisse einzulassen, eigene Erfahrungen, Kenntnisse und Wissen einzubringen und die anderen daran teilhaben zu lassen.

Erfolgsteams sind geprägt vom Prinzip des Gebens und Nehmens. Wichtig ist, daß hier innerhalb des Teams ein Gleichgewicht besteht, d.h. daß nicht immer dieselben etwas einbringen und andere nur daran interessiert sind, möglichst viel für sich herauszuholen.

In diesem Zusammenhang ist der Abschnitt wichtig, in dem es um das Prinzip der Unterstützung geht.

Dauer

Die Verbindlichkeit bezieht sich allerdings nicht nur auf die Teilnahme an den Sitzungen des Teams. Sie umfaßt auch die Festlegung auf einen vorher definierten Zeitraum. Sechs Monate sind der übliche Zeitrahmen, auf den sich die Teilnehmer zu Beginn verständigen. Nach dieser Zeit entscheidet jedes Mitglied, ob es im Team bleibt oder nicht. Aus dieser Entscheidung des einzelnen ergibt sich eine Entscheidung des Teams. Obwohl diese Vereinbarung nur für einen Zeitraum von sechs Monaten gilt, machen viele Teams weiter.

Manchmal kommt es vor, daß ein Teilnehmer das erreicht, was er wollte, und sich für den Ausstieg entscheidet. Das hindert die anderen natürlich nicht daran, weiterzumachen. Nach dem ersten halben Jahr besteht die Möglichkeit, für ein ausscheidendes Mitglied einen Ersatz zu suchen und das Team zu ergänzen. Mehr zum Vorgehen in diesem Fall finden Sie in Teil V. mit dem Titel „Das eigene Erfolgsteam gründen".

Was spricht für eine Festlegung auf sechs Monate? Die meisten Menschen kommen mit dem Wunsch in ein Erfolgsteam, an einem Ziel zu arbeiten, das sie bislang allein nicht erreicht haben. Oder sie gehen davon aus, daß ihnen die positive Energie der Gruppe hilft, vorhandene Widerstände und die altbekannten Ausreden zu überwinden. Meist handelt es sich um ein größeres Vorhaben, das sich nicht von heute auf morgen erledigen läßt.

Sechs Monate sind auf jeden Fall ein guter zeitlicher Rahmen, um ein persönliches Ziel zu erreichen. Bei kleineren Zielen ist es wahrscheinlich, daß Sie es in dieser Zeit schaffen. Bei größeren Zielen haben Sie in einem halben Jahr erste Teilergebnisse erzielt, mit denen Sie anschließend weiterarbeiten können. Sie erkennen die Veränderungen, die bei Ihnen und den anderen Teilnehmern eingetreten sind. Das macht Mut, weiter an den eigenen Zielen zu arbeiten.

Innerhalb eines halben Jahres klärt sich vieles. Manchmal dient diese Zeit auch dazu, festzustellen, ob man ein Ziel tatsächlich erreichen möchte. Es kommt immer wieder vor, daß Teilnehmer ein ganz bestimmtes Ziel vor Augen haben und dann im Verlauf der ersten Wochen feststellen, daß zuerst etwas ganz anderes zu erledigen oder zu klären ist. Sie erkennen, wieviel Zeit und Energie Sie bereit sind, in eine Sache zu stecken, und ob Ihnen Ihr Ziel dafür wichtig genug ist.

Die ersten sechs Monate sind auch eine Zeit, in der Sie überprüfen können, ob die Arbeit in einem Team für Sie das Richtige ist. Mit der Festlegung auf diesen Zeitraum können Sie herausfinden, wie Sie mit Verbindlichkeit umgehen und mit Situationen, die möglicherweise nicht immer einfach sind. Für einige Menschen ist es bereits ein großer Schritt, sich überhaupt auf die Arbeit in einem Team einzulassen.

Hier sind einige Fragen, die Sie beantworten können, wenn Sie im Zweifel sind, ob ein Team etwas für Sie ist:

- Was mache ich, wenn es einmal kriselt?
- Was passiert, wenn ich nicht so zum Zuge komme, wie ich es mir vorstelle? Setze ich mich dann durch, oder ziehe ich mich zurück?

- Spreche ich an, was mich beschäftigt und mir nicht gefällt? Oder halte ich meinen Mund und beschließe, bei der ersten sich bietenden Gelegenheit auszusteigen?

In jedem Team kommt früher oder später der Zeitpunkt, an dem es schwierig wird. Sei es, weil nach der Anfangseuphorie die ersten Frustrationen entstehen, sei es, weil die anderen Teilnehmer, die einem zunächst so sympathisch waren, doch ihre Mucken haben.

Welches auch immer der Grund ist, erfahrungsgemäß entstehen die ersten größeren Schwierigkeiten nach zehn bis zwölf Wochen. Das deckt sich in etwa mit der Mitte der ersten Teamphase. Da fragt man sich: *Wie weit bin ich schon auf dem Weg zu meinem Ziel?* Oder häufiger noch: *Wie weit bin ich noch davon entfernt? Kann ich es überhaupt schaffen?*

Zu diesem Zeitpunkt stellt sich heraus, wie stabil das Team inzwischen geworden ist. Fühlen Sie sich dort aufgehoben oder doch nicht recht am Platz? Die Antwort auf diese Fragen hat einen wesentlichen Einfluß darauf, wie Sie ab diesem Zeitpunkt weitermachen. Denn letztlich besteht das Team aus Einzelpersonen, die sich einbringen oder sich zurückhalten. Die persönliche Haltung entscheidet mit darüber, wie gut oder schlecht ein Team arbeitet und welche Ergebnisse die Mitglieder für sich erzielen können.

Erfahrungsgemäß dauert es drei bis vier Monate, bis sich die Mitglieder des Teams so gut kennen, daß sie ihre gewohnten Sicherheitsvorkehrungen fallen lassen. In dieser Zeit sind die Ergebnisse noch nicht mit dem vergleichbar, was später möglich wird. Erst wenn das Vertrauen gefestigt ist, entsteht die Bereitschaft, sich auch von einer anderen, vielleicht weniger vorteilhaften Seite zu zeigen.

Insgesamt ist das erste halbe Jahr ein überschaubarer Zeitrahmen, auf den Sie sich festlegen, ohne gleich das Gefühl zu haben, sich auf eine Ewigkeit zu verpflichten.

Zugleich geben Sie Ihrem Unterbewußtsein damit einen Gestaltungsspielraum. Es kann die Möglichkeit einbeziehen, daß Sie sich nach sechs Monaten einer anderen Sache widmen werden, wenn es Ihnen überhaupt keinen Spaß gemacht hat.

5. Vorteile

Bislang war von den Voraussetzungen die Rede, die erforderlich sind, damit ein Erfolgsteam erfolgreich sein kann. Ebenso wurden die Aspekte Struktur und Verbindlichkeit vorgestellt. Dies sind alles Punkte, die zunächst stark nach Pflicht klingen und wenig nach Spaß und Freude. Viele Menschen leben zwar nach dem Grundsatz *Das Leben ist reine Pflichterfüllung, und nur wer hart arbeitet, darf sich auch etwas gönnen*, doch wer sich ohne Freude auf den Weg zur Zielerreichung macht, wird früher oder später resigniert aufgeben. Deshalb ist es jetzt an der Zeit, über die Vorteile zu sprechen, die sich für Sie aus der Mitgliedschaft in einem Erfolgsteam ergeben. Mit folgenden „Spaß-Faktoren" können Sie rechnen:

- mehr Schwung und Energie,
- ein kreatives Spannungsfeld durch Gegensatz und Vielfalt,
- das „Familiengefühl", das durch ein Team entsteht,
- das steigende Selbstvertrauen und Selbstbewußtsein,
- das Networking und die Kontakte, die durch das Team entstehen,
- die Herausforderung und Hilfe, die Sie durch die anderen Mitglieder erhalten, und schließlich noch
- die Vorbildfunktion, die Teammitglieder füreinander haben können.

Schwung und Energie

Vor allem ein Aspekt wird bei Umfragen unter den Mitgliedern von Erfolgsteams immer wieder betont: der Schwung und die Energie, die durch die Sitzungen entstehen.

Dafür sind mehrere Faktoren verantwortlich: das Gemeinschaftserlebnis, das Bewußtsein, auf dem Weg zum Ziel voranzukommen, und die neuen Erkenntnisse, die sich gewinnen lassen. Die Unterstützungsphase trägt in besonderem Maße dazu bei, daß es zu einem Energieschub kommt. In dieser Runde entscheiden Sie darüber, in welchem Bereich und in welcher Form Sie sich Anregungen wünschen. Damit haben Sie einen großen Einfluß darauf, wie viele Informationen und wieviel Energie Sie aus einer Sitzung mitnehmen.

Es sind nicht nur die Anregungen, die Ihnen die anderen direkt geben. Häufig erhalten Sie durch die Fragen und Hinweise der anderen Teilnehmer weitere Impulse. Vieles von dem, was Sie hören, läßt sich auf Ihre eigenen Ziele übertragen. So gehen Sie mit einer Reihe von Ideen nach Hause, die Sie in Gedanken durchspielen oder die Sie in der nächsten Zeit umsetzen können.

Die Treffen in meinem amerikanischen Team fanden am Montagnachmittag statt. Ich kam in der Regel gegen 20 Uhr von den Sitzungen nach Hause und setzte mich dann häufig gleich an meinen Schreibtisch, um einige Anregungen sofort umzusetzen. Von den Teilnehmern an Erfolgsteams höre ich, daß es vielen ähnlich geht. Sie nehmen aus dem Treffen soviel Schwung mit, daß es Verschwendung wäre, nichts zu tun und sich, etwa nach dem Motto *Setzen Sie sich in eine Ecke und warten Sie, bis sich der Arbeitsanfall wieder gelegt hat,* gemütlich aufs Sofa zu setzen. Statt dessen wird dieser Schwung als Antrieb genutzt und in die Erreichung der Ziele gesteckt.

Nach einigen Tagen ebbt die Energie wieder ab. Das ändert sich kurz vor der nächsten Sitzung, wenn Sie einen Blick auf Ihre „To-do-Liste“ werfen und feststellen, daß es noch einiges zu erledigen gibt. Dann kommen Gedanken wie: *Oh, da ist ja noch einiges zu tun! Jetzt muß ich aber sofort in die Gänge kommen.* So kann es in der Anfangsphase eines Teams durchaus vorkommen, daß jemand bis spät in die Nacht hinein am Schreibtisch sitzt, um die noch unerledigten Punkte zu bearbeiten. Schließlich möchte niemand gerne vor die anderen hintreten und zugeben, etwas nicht erledigt zu haben. Hier setzt der bereits angesprochene Gruppendruck ein.

Allen Menschen geht es darum, Anerkennung, Bestätigung und Aufmerksamkeit zu erhalten. Das Streben nach Anerkennung ist ein nicht zu unterschätzender Antriebsfaktor für unser Handeln. Wenn Sie die Aufgaben erledigen, die Sie sich vorgenommen haben, verschaffen Sie sich damit regelmäßig ein positives Feedback in der Gruppe.

Meist geschieht dies dadurch, daß Sie erzählen, was Sie seit dem letzten Treffen erreicht haben. Sie machen es damit öffentlich und loben sich in gewissem Sinne selber. Manchmal stellt sich dieser Effekt auch ein, weil die anderen Ihnen konkret ihre Anerkennung aussprechen. Zum Beispiel wenn sie sich mit Ihnen darüber freuen, daß und wie Sie eine schwierige Situation gemeistert haben.

Gerade diese Anerkennung spricht für die Mitgliedschaft in Erfolgsteams. Im Alltag erhalten die wenigsten Lob und positive Rückmeldungen, wenn sie die ihnen übertragenen Aufgaben zur Zufriedenheit ihrer Vorgesetzen erledigen. Es wird als selbstverständlich hingenommen, daß nicht nur gearbeitet, sondern erstklassig gearbeitet wird.

Wenn man sich nicht regelmäßig selber bewußt vor Augen hält, daß man seine Aufgaben zeitgerecht, gut und effektiv erledigt hat, kann man lange warten, bis andere auf die Idee kommen, die entsprechenden Rückmeldungen zu geben. In einem Erfolgsteam hingegen erhalten

Sie viel positive Verstärkung und Feedback. Die anderen Teammitglieder sorgen für regelmäßigen Antrieb und unterstützen Sie dabei, nicht aufzugeben und auf Ihrem Weg weiterzugehen.

Energie kann auch dadurch entstehen, daß Sie mit Hilfe des Teams aus einem emotionalen Tief herausfinden. Es gibt immer wieder Phasen im Leben, in denen nichts so recht klappt. Alles, was Sie anpacken, führt zu keinem Ergebnis, und langsam sinkt der Mut. Anstatt sich dann ins stille Kämmerlein zurückzuziehen und über die Ungerechtigkeit der Welt zu klagen, gehen Sie zu Ihrer Teamsitzung. Dort können Sie jammern und klagen und zugeben, daß Ihnen Ihre Situation zu schaffen macht. Hier werden Sie dann erleben, wie erleichternd es ist, wenn andere Ihnen zuhören und mit Ihnen fühlen. Hier erhalten Sie Hinweise darauf, wie andere mit ähnlichen Situationen umgehen. Sie entdecken, daß Sie nicht alleine sind und andere diese Tiefpunkte ebenfalls kennen. Geht man gemeinsam dagegen an, sind sie bei weitem nicht mehr so bedrohlich. Und am Ende der Sitzung werden Sie feststellen, daß sich Ihre Stimmung deutlich verbessert hat und Sie den Mut gefunden haben, es noch einmal zu probieren.

Gegensätze und Vielfalt

In Erfolgsteams finden sich Menschen mit unterschiedlichem beruflichen und persönlichen Hintergrund zusammen. Jeder bringt seine eigenen Ziele und Vorstellungen mit ein. Die Polaritäten, die dadurch entstehen können, lassen sich an folgendem Beispiel verdeutlichen.

In einem Erfolgsteam fanden sich eine selbständige Chemikerin und eine Angestellte zusammen. Die eine wollte ihr Produkt besser verkaufen, während es der anderen darum ging, ihr Selbstbewußtsein, das durch die

Trennung von ihrem Partner sehr gelitten hatte, zu verbessern. Zwei sehr unterschiedliche Ziele – entsprechend hatten beide Frauen zunächst Schwierigkeiten, zu erkennen, wie sie sich gegenseitig unterstützen konnten. Doch im Laufe der Zeit erlebten beide, daß sie sehr wohl Ideen und Anregungen füreinander entwickeln und voneinander lernen konnten. Die Angestellte dachte am Anfang: *All diese erfolgreichen Powerfrauen! Was kann ich Mäuschen denen denn bieten?* Dabei ist sie selber eine gestandene Person, die beruflich gut dasteht und ihre Tätigkeit mit Begeisterung ausübt. Im Laufe der Zeit erkannte sie, daß sich ihr gestiegenes Selbstbewußtsein auch auf ihren Beruf auswirkte. Inzwischen hat sie sogar ein eigenes Produkt entwickelt, das sie in den nächsten Jahren vermarkten möchte.

Auch die Chemikerin entdeckte, was und wieviel eine andere Sichtweise bringen kann. Ihre Erfahrungen halfen ihr dabei, auf Menschen mit geringerem Selbstbewußtsein anders einzugehen und dadurch ihren geschäftlichen Erfolg zu vergrößern. Durch die unterschiedlichen Frauen im Team lernte sie verschiedene Persönlichkeitstypen kennen und erweiterte dadurch ihr Spektrum an Handlungsmöglichkeiten. Sie kann jetzt andere Meinungen gelten lassen, was ihr vorher schwergefallen ist.

Zwei Frauen, die sich im „normalen" Leben eher aus dem Weg gegangen wären, haben so davon profitiert, miteinander in einem Team zu sein.

Durch die heterogene Zusammensetzung ergeben sich vielfältige Anregungen und Erfahrungen, die im Team zum Tragen kommen und einen Teil seines Reizes ausmachen. Im Vergleich dazu setzt sich ein Freundeskreis üblicherweise aus Menschen zusammen, die Interessen und Weltanschauungen teilen, vielleicht sogar gemeinsame Erfahrungen gesammelt haben. Das bedeutet allerdings zugleich, daß uns deren Handlungs- und Denkweisen nicht nur bekannt sind, sondern bis zu einem gewissen Grad auch vorhersehbar werden. Gleiches gilt für Vorschläge und Anregungen bei Fragen und Problemen.

In einem Erfolgsteam erhalten Sie dagegen neue Anregungen von Menschen, die anders denken, möglicherweise sogar völlig andere Denkstrukturen haben als Sie. Natürlich lernen Sie diese Menschen im Lauf der Zeit ebenfalls sehr gut kennen und entdecken ihre persönlichen Muster und Verhaltensweisen. Damit werden auch hier Reaktionen vorhersehbar. Das dauert allerdings eine Weile – auf jeden Fall länger als die ersten sechs Monate der Verbindlichkeit in einem Erfolgsteam.

Die Polarität in einem Team kann sehr fruchtbar sein. Es gibt sogar Menschen, die großen Wert darauf legen, sich mit Menschen zu umgeben, die sich von ihnen unterscheiden. Ein extremes Beispiel dafür ist ein Geschäftsmann, der es sich zum Prinzip gemacht hat, nur mit solchen Menschen Geschäfte zu machen, die er *nicht* mag. Er begründet diese Vorliebe damit, daß seine Wahrnehmung in diesem Fall nicht durch die rosarote Brille möglicher Sympathie getrübt sei.

Ganz so weit müssen Sie natürlich nicht gehen. Es genügt bereits, bei der Wahl Ihres Teams ein gewisses Maß an Vielfalt und Gegensätzlichkeit anzustreben. Schließlich handelt es sich bei einem Erfolgsteam im weitesten Sinn auch um eine geschäftliche Angelegenheit. Da könnte der Grundsatz des erwähnten Geschäftsmannes bis zu einem gewissen Grad durchaus passen. Natürlich ist die Arbeit mit Menschen, die ähnlich denken und handeln, viel bequemer. Und wer verzichtet schon gerne auf Bequemlichkeit?

Spannender wird es, wenn Sie mit Menschen arbeiten, die konträr zu Ihrer eigenen Persönlichkeit sind. Sie bieten Ihnen die Chance, etwas Neues über sich und über Ihre typischen Verhaltensweisen zu erfahren. Wenn Sie diese Herausforderung annehmen, dann können Sie ein Erfolgsteam auch für Ihr persönliches Wachstum nutzen. Das wird Sie – zusätzlich zur Erreichung Ihrer Ziele – in jedem Fall weiterbringen.

„Familiengefühl"

In einer Zeit, in der die wenigsten Menschen in einem intakten Familiengefüge leben, ist dies für einige Teilnehmer in Erfolgsteams ein sehr wichtiger Aspekt. Zum Ausgleich haben sich die meisten Menschen deshalb im Laufe der Jahre einen mehr oder weniger großen Freundeskreis geschaffen, der ihnen Sicherheit und Geborgenheit vermittelt. Mit diesen Menschen können sie wichtige Fragen besprechen und mögliche Lösungen diskutieren. Auf diesem Weg können sie auch Anregungen und Hilfe bekommen.

Die meisten Menschen sehen ihre Freunde jedoch selten und unregelmäßig.

Ein Erfolgsteam trifft sich dagegen regelmäßig alle zwei Wochen. Da berichten Sie den anderen zu Beginn, wie Sie sich fühlen, wo Sie gerade stehen und was Sie erreicht haben. Mit der Zeit wissen die anderen im Team wahrscheinlich sehr viel besser als Ihre Freunde, wie es Ihnen geht und was Sie bewegt. Hier erhalten Sie kontinuierlich Unterstützung. Auf diese Weise können die Mitglieder des Erfolgsteams zu einer Art Ersatzfamilie werden, und zwar in der Weise, wie es sich die meisten Menschen von ihrer Familie immer gewünscht haben: voller Wohlwollen und Unterstützung, aufmerksam zuhörend, positiv verstärkend und dennoch kritisch, wenn es darum geht, Rechtfertigungen und Entschuldigungen zu durchschauen und zu hinterfragen.

Das Familiengefühl im Team hat noch einen anderen Vorteil: Sie beschäftigen Ihre Freunde oder Ihre Familie seltener mit Fragen, die Sie im Zusammenhang mit Ihren Zielen bewegen. Damit entlasten Sie Ihre persönlichen Beziehungen und können dort statt dessen Spaß, Abwechslung und Entspannung genießen – ein wichtiger Ausgleich für die Arbeit mit und an den Zielen.

Auch ein anderer Gesichtspunkt soll nicht unerwähnt bleiben: Haben Sie schon einmal darüber nachgedacht, ob Ihre Freunde und Ihre Familie wirklich daran interessiert sind, daß Sie Ihre Ziele erreichen? Für die Menschen in Ihrer unmittelbaren Umgebung kann darin durchaus eine Gefahr liegen. Vielleicht befürchten sie, daß die Beziehung oder die Freundschaft darunter leidet. Sie haben möglicherweise Angst davor, nicht mehr wichtig zu sein.

Zielstrebigkeit hält der Umgebung zudem den Spiegel vor. Sie zeigt den anderen, was möglich ist, wenn man diszipliniert und kontinuierlich an seinen Zielen arbeitet. Wenn sie in diesen Spiegel blicken, werden sie daran erinnert, daß sie vielleicht auch etwas tun müßten, statt weiterhin den Weg des geringsten Widerstands zu gehen und sich mit dem Status quo zu arrangieren.

Voraussetzung dafür, daß ein „Familiengefühl" entsteht, sind Vertrauen und Offenheit im Team. Erst dann können Sie erleben, was in unserem gewohnten, von Mißtrauen und Neid geprägten Umfeld nicht sehr verbreitet ist: eine von Optimismus und Freude geprägte Lebensqualität. Sie führt dazu, daß viele Teilnehmer oft lange in „ihrem" Erfolgsteam bleiben.

Stärkung des Selbstbewußtseins

Die Mitgliedschaft in einem Erfolgsteam trägt wesentlich dazu bei, das eigene Selbstbewußtsein zu stärken. Das geschieht ganz nebenbei und ist doch sehr wirkungsvoll.

Wie bereits erwähnt, erhalten Sie regelmäßig Bestärkung und Anerkennung, wenn Sie das erledigen, was Sie sich vorgenommen haben. Vielleicht besteht die Bestätigung „nur" darin, daß Sie sich selbst alle vierzehn Tage bewußtmachen, was Sie seit dem letzten Treffen tatsächlich geschafft haben. Dadurch erkennen Sie, daß Sie durchaus in der Lage sind, kontinuierlich an einer Sache zu arbeiten und etwas in Gang zu bringen.

Dieses Bewußtsein für die eigene Fähigkeit zur Disziplin trägt dazu bei, daß Sie sich mit der Zeit mehr zutrauen und in stärkerem Maße bereit sind, Risiken einzugehen. Zum Beispiel, indem Sie etwas Neues ausprobieren, ein lange aufgeschobenes klärendes Gespräch führen oder jemanden anrufen, von dem Sie wichtige Informationen erhalten können. Also Dinge tun, mit denen Sie in Gedanken zwar schon mehrfach gespielt haben, die Sie bislang jedoch aus Angst oder Unsicherheit nicht angepackt haben.

Ihr Selbstvertrauen wächst automatisch mit jedem Schritt, den Sie in Richtung auf Ihr Ziel gehen, und mit jedem Teilziel, das Sie erreichen. Mehr und mehr werden Sie feststellen: *Das kann ich ja doch*! Durch das Wechselspiel im Team erleben Sie zudem, daß andere Teilnehmer Schritte wagen, die sie sich am Anfang ebenfalls nicht zugetraut haben. Dann erreichen Sie irgendwann selbst den Punkt, an dem Sie sich sagen: *Wenn er oder sie das kann, kann ich es auch.* Und Sie tun es tatsächlich.

Es ist faszinierend, mitzuerleben, wie sich die Teilnehmer im Laufe ihrer Zugehörigkeit zu einem Team verändern. Wie sie Dinge anpacken, die sie sich zuvor nicht zugetraut haben. Das wiederum gibt den anderen Mitgliedern den erforderlichen „Kick", selbst aktiv zu werden und ebenfalls für sie riskante oder schwierige Schritte zu gehen.

Hierdurch wird eine Kette positiver Verstärkung in Bewegung gesetzt. Sie führt zu einem positiven Klima, das sich auf Ihre Umgebung auswirkt und dazu beiträgt, daß sich auch Ihr Umfeld verändert. Sie können zu einer optimistischen Haltung finden und dadurch in einem grauen, bleiernen Meer zu einer blühenden Insel positiven Denkens werden. Die gegenwärtige negative Grundstimmung in unserer Gesellschaft lähmt und zieht immer mehr Menschen in ihren Bann. Welche Freude ist es dann, mit Menschen zu arbeiten, die sich dem widersetzen und mit einer lebensbejahenden Einstellung in eine andere Richtung gehen. Das wirkt ansteckend und anziehend auf diejenigen, die nach einem positiven Vorbild suchen und sich einen Weg aus der vergifteten Atmosphäre ihrer Umgebung wünschen.

Das positive Klima und das wachsende Selbstbewußtsein tragen dazu bei, daß die Mitglieder eines Erfolgsteams sehr viel schneller ans Ziel kommen als diejenigen, die allein arbeiten. Das hat auch viel mit der Verstärkung und Ermutigung zu tun, die sich die Teilnehmer gegenseitig geben.

Networking – die Kunst, Kontakte zu knüpfen

Die Vielfalt in der Gruppe bringt auch eine Vielzahl neuer Kontakte. Jeder hat ein anderes Umfeld und andere Verbindungen. Das ermöglicht es den Mitgliedern eines Erfolgsteams, Zugang zu einem sehr viel größeren und auch andersartigen Kreis von Ansprechpartnern zu bekommen, als dies individuell der Fall wäre.

In den Vereinigten Staaten wurde vor einigen Jahren ein interessanter Versuch zum Thema Kontakte durchgeführt. Es sollte herausgefunden werden, wie viele Stationen ein Brief von einer Person in den Vereinigten Staaten zu einem genau bestimmten Empfänger in Afrika durchläuft – unter der Bedingung, daß der Brief nicht direkt hingebracht wird, sondern jeweils an eine dem Absender persönlich bekannte Person weitergeleitet wird. Auf diese Weise wurde eine Beziehungskette gebildet, und zur großen Überraschung aller Beteiligten erreichte der Brief bereits nach fünf Stationen seinen Empfänger. Dieser Versuch ist auch eine Bestätigung dafür, daß wir meist über sehr viel mehr und bessere Kontakte verfügen, als uns bewußt ist.

Diese Kontakte für die eigene Zielerreichung zu nutzen und sie den anderen Teilnehmern zur Verfügung zu stellen ist ein wichtiger Bestandteil der Arbeit im Team. „Networking", also die gezielte Kontaktpflege und der Aufbau eines erfolgreichen Beziehungsnetzes, ist auf dem Weg zum Ziel unerläßlich. Ohne Kontakte kommen Sie nicht dahin, wo Sie hinwollen. Dennoch scheuen sich viele Menschen davor, „Vitamin B" in Anspruch zu nehmen.

Die Bezeichnung „Vitamin B" und der üblicherweise damit verbundene abfällige Tonfall deuten bereits auf das weitverbreitete gestörte Verhältnis zum Thema Kontaktpflege hin. Medizinisch gesehen ist Vitamin B ein lebenswichtiger Nahrungsbestandteil, dessen Vorhandensein erst Wohlbefinden ermöglicht. Und genauso ist es auch mit Kontakten. Erfolgreiche Menschen wissen, daß sie ohne die Hilfe anderer keine Erfolge erzielen können, sondern dafür auf gute Beziehungen angewiesen sind. Sie haben sich deshalb mit dem Networking – der Kunst, Kontakte zu knüpfen und sie zu nutzen – beschäftigt und pflegen es regelmäßig.

Beziehungen entstehen aus einem Fluß von Geben und Nehmen, wobei das Geben immer an erster Stelle stehen sollte. Wenn Sie regelmäßig etwas für andere tun, können Sie zu gegebener Zeit auch einen Return on Investment, eine Gegenleistung, erwarten – ohne ein schlechtes Gewissen zu haben oder das Gefühl, einem anderen etwas schuldig oder zu etwas verpflichtet zu sein.

Für mich liegt hier der wesentliche Grund dafür, warum man sich hierzulande mit dem Networking und der Beziehungspflege so schwer tun. Die meisten Menschen, mit denen ich über dieses Thema spreche, haben die Sorge, daß sie durch das Nutzen (bezeichnenderweise wird auch oft von „Ausnutzen" gesprochen) einer persönlichen Verbindung in eine mögliche Verpflichtung geraten. Eine Verpflichtung kann jedoch nur dann entstehen, wenn Sie erwarten, daß andere erst einmal etwas für Sie tun und nicht bereit sind, von sich aus etwas zu geben. Nur wer regelmäßig etwas für andere tut – durch Informationen, ein kurzes Telefonat, eine Empfehlung –, wird von anderen geschätzt und kann sich im Notfall auf sein Beziehungsnetz verlassen.

Ein gut funktionierendes Beziehungsnetz entsteht nicht von jetzt auf gleich. Auch nicht durch oder in einem Erfolgsteam. Dafür müssen Sie einen Einsatz bringen, der nicht unerheblich ist. Da ist zunächst der zeitliche Aufwand, der notwendig ist, um mit den Menschen Ihres persönlichen Netzwerks in Verbindung zu bleiben und diese Kontakte zu pflegen.

Eine weitere Voraussetzung ist das wirkliche Interesse für andere Menschen und ihre besondere Persönlichkeit. Menschen haben ein feines Gespür dafür, ob Sie einen Kontakt nur pflegen, weil Sie sich etwas davon versprechen, oder ob Sie sich tatsächlich für den anderen und seine Bedürfnisse interessieren. Sie werden die Unterstützung anderer für Ihre Ziele nur dann erhalten, wenn Sie bereit sind, andere in gleicher Weise zu unterstützen. Im asiatischen Raum gibt es dazu ein Sprichwort, das sich auch als Motto für das Networking eignet: *Jeder hilft jedem, dann ist jedem geholfen.*

Mehr Networking-Informationen finden Sie in dem ebenfalls bei mvg erschienenen Buch „Natürlich zum Erfolg“ von Susan RoAne. Es enthält zahlreiche Tips und Anregungen zum Thema.

Herausforderung und Hilfe

In einem Erfolgsteam geht es um die gegenseitige Hilfestellung. Sie ist nur dann wirkungsvoll, wenn sich die Teilnehmer auch herausfordern. Die Herausforderung kann darin liegen:

- einzelne Schritte oder Teilziele zu hinterfragen,
- jemanden zu ermutigen, etwas tatsächlich zu wagen, statt nur von Möglichkeiten zu reden,

- eine Rechtfertigung oder Entschuldigung nicht unkommentiert stehen zu lassen.

Einzelne Schritte oder Teilziele hinterfragen

Eine Teilnehmerin möchte sich in einigen Monaten mit einer Partnerin als Unternehmensberaterin selbständig machen. Als Ziel nimmt sie sich bis zum nächsten Treffen vor, das Programmieren von Web-Seiten zu lernen. Die anderen wundern sich, und schließlich fragt ein Teilnehmer: „Was hat das mit deinem Schritt in die Selbständigkeit zu tun?" Sie gibt zu, daß es sie einfach nur interessiert, wie man Web-Seiten programmiert. Sie hat schon längere Zeit geplant, sich diese Kenntnisse anzueignen, und will jetzt damit beginnen, weil ihr nicht klar ist, was sie sich ansonsten vornehmen soll. Im Hinblick auf ihr mittelfristiges Ziel hat sie keine Vorstellung davon, was sie als nächstes angehen könnte. Ihre Partnerin kümmert sich zu diesem Zeitpunkt um die Klärung einiger Punkte, und die Teilnehmerin möchte das Ergebnis dieser Recherchen abwarten. Die anderen Mitglieder geben ihr schließlich Anregungen dafür, was sie selbst als nächstes unternehmen kann. Sie beschließt daraufhin, einen vorläufigen Zeitplan für die nächsten Monate aufzustellen.

Jemanden ermutigen, etwas tatsächlich zu wagen, statt nur von Möglichkeiten zu reden

In einem Team erwähnt ein Mitglied, daß es reizvoll wäre, einmal einen Artikel über die eigene Arbeit zu veröffentlichen. Es ist eine Bemerkung am Rande, die zunächst von den anderen nicht aufgegriffen wird. Als die Teilnehmerin einige Zeit später wieder davon spricht, nimmt ein anderes Mitglied den Gedanken auf und schlägt vor, sich die Themen für diesen Beitrag zu überlegen und ihn auch zu schreiben. Weil sich ein – auch unveröffentlichter –

Artikel als Marketinginstrument nutzen läßt, setzt sich die Teilnehmerin hin und bringt verschiedene Gedanken zu Papier. Einer der so entstandenen Artikel wird in der Folge sogar in einer Zeitschrift veröffentlicht.

Eine Rechtfertigung oder Entschuldigung nicht unkommentiert stehen lassen

Eine Anwältin will ihre Arbeit immer auf dem laufenden halten. Sie nimmt sich dieses Ziel mehrfach vor, kommt jedoch zu keinem Ergebnis. Schließlich fragen die anderen nach, woran dies liegen könnte. Dabei stellt sich heraus, daß sie bislang nicht geklärt hat, was sie unter „auf dem laufenden" versteht.

Sie nutzt ihre Unterstützungsphase dazu, mit Hilfe der anderen Teilnehmer eine genaue Definition zu erarbeiten. In der nächsten Sitzung berichtet sie begeistert, daß es ihr mit dieser Definition gelungen ist, ihre Arbeit besser in den Griff zu bekommen, und sie jetzt tatsächlich auf dem laufenden ist.

Die Herausforderung für die anderen besteht darin, beim zweiten oder dritten Mal nachzufragen: *Wie ernst ist es dir denn mit diesem Ziel? Willst du das wirklich?* Dies ist keine Aufforderung an einzelne Teilnehmer, sich als Aufpasser und Zieleinhaltungskontrolleure aufzuspielen. Darum kann es nicht gehen. Schließlich ist jeder für sich selbst und die Erreichung der eigenen Ziele verantwortlich. Dennoch ist es wichtig, nachzufragen, wenn ein Ziel mehrmals genannt wird und dennoch nichts geschieht. Dies sollte immer mit dem Angebot der Hilfestellung verbunden sein, denn meistens steckt Unsicherheit oder Angst dahinter, wenn man sich etwas vornimmt, es dann aber doch nicht erledigt. Hindernisse und Widerstände lassen sich überwinden und lösen, wenn man sie sich bewußtgemacht hat. Erst dann ist man in der Lage, Unterstützung anzunehmen und zu Lösungen zu gelangen.

Vorbilder füreinander sein

Dieser Punkt wurde bereits beim Unterpunkt „Stärkung des Selbstbewußtseins“ angesprochen. Deshalb hier nur zwei kurze Hinweise:

Wenn Sie entdecken, daß die anderen Teilnehmer ihre eigenen Grenzen erweitern und Risiken eingehen, steigt auch Ihre eigene Bereitschaft, etwas zu wagen und wichtige Schritte zu unternehmen. So werden die einzelnen Mitglieder einander Vorbild für Risikobereitschaft, Mut und Beständigkeit.

Eine Vorbildsituation entsteht darüber hinaus, wenn man sieht, wie andere Menschen vorgehen, wie sie ihre Projekte anpacken und durchführen. Dadurch lernen Sie neue Varianten bei der Zielverfolgung kennen, die Sie ausprobieren können.

6. Positive Zusatzeffekte

Wie so viele Dinge im Leben haben auch Erfolgsteams „Nebenwirkungen“, die Ihnen nicht vorenthalten werden sollten. Ganz nebenbei können Sie im Team Fähigkeiten auf folgenden Gebieten erwerben oder verbessern:

- Kommunikation,
- Arbeiten im Team,
- Problemlösungsmethoden,
- Strategie und Planung.

Darüber hinaus steigt Ihre Bereitschaft,

- Risiken einzugehen,
- Unterstützung zu erbitten,
- aus Fehlern zu lernen und
- zielgerichtet vorzugehen.

Diese positiven Zusatzeffekte werden im folgenden erläutert, um aufzuzeigen, welche vielfältigen Möglichkeiten sich neben der konkreten Zielerreichung noch in einem Erfolgsteam verbergen.

Verbesserung der Kommunikationsfähigkeit

Im Kapitel „Struktur" wurde der Ablauf der Teamsitzungen vorgestellt. Danach besteht jede Sitzung aus drei Runden, die unterschiedlich lang sind. Im Rahmen dieser zeitlichen Vorgaben lernen Sie, sich kurz und genau auszudrücken. Das gilt besonders für die Einstiegsrunde. Denn fünf Minuten sind fünf Minuten. Sie erhöhen Ihre Kommunikationsfähigkeiten und lernen, *sich klar, deutlich und auf den Punkt gebracht auszudrücken.*

Für die Einhaltung des Zeitkontingents in den einzelnen Runden setzen Sie am besten einen Kurzzeitwecker ein. Er ist unbestechlich und klingelt für jeden nach der gleichen Zeit. Sein Klingeln ist für alle hörbar und für den Vortragenden ein deutliches Signal, den begonnenen Gedanken zum Abschluß zu bringen. Das fällt vielen am Anfang schwer. Im beruflichen Umfeld ist man daran gewöhnt, daß bei Besprechungen Zeitdisziplin weitgehend unbekannt ist. Es wird so lange geredet, bis jemand unterbricht oder der Wortführer (meist der Chef) seine Gedanken sortiert hat und schließlich im Beisein seiner Mitarbeiter zu einem Ergebnis gekommen ist. In einem Erfolgsteam ist zu erleben, daß es auch anders geht. Die

Zeitvorgaben sind eine Übung in Disziplin – nicht nur für die Person, die redet, sondern für alle Teilnehmer. Im Erfolgsteam ist jeder mit dafür verantwortlich, daß die Zeitvorgaben eingehalten werden und der Ablauf im vorgesehenen Rahmen bleibt.

Dazu kommt noch ein weiterer Aspekt. Wenn es Ihnen in mehreren Sitzungen nicht gelungen ist, alles zu sagen, was Sie sich vorgenommen hatten, werden Sie sich vermutlich eine andere Strategie überlegen. Zum Beispiel notieren Sie sich das nächste Mal vorher, was Sie ansprechen wollen und was Ihnen am wichtigsten ist. So entwickeln Sie im Laufe der Zeit ein Gefühl für Ihre Prioritäten und für Zeit als Einheit. Nach einigen Treffen wissen Sie genau, wie lange fünf Minuten wirklich sind und wieviel sich in dieser Zeit sagen läßt.

Neben der größeren Genauigkeit im eigenen Ausdruck entwickeln Sie die Fähigkeit, genau zuzuhören. Sie beginnen, darauf zu achten, was die anderen tatsächlich sagen und was sie vielleicht nur zwischen den Zeilen ausdrücken. Sie hören, was andere brauchen und sich wünschen, auch wenn sie es nicht in die entsprechenden Worte fassen.

Verbunden damit ist auch die Fähigkeit des aktiven Zuhörens. Das beinhaltet mehr als das Verstehen der Worte, die der andere sagt. Es umfaßt auch die positive Rückmeldung und Verstärkung dessen, was gesagt wird. Dies geschieht durch Sätze wie „Solche Situationen kenne ich auch“ oder „Ich kann mich da gut hineinversetzen.“ Damit vermitteln Sie Ihrem Gesprächspartner das Gefühl, verstanden und angenommen zu sein.

Aktives Zuhören beinhaltet auch die Bereitschaft, zu hinterfragen, wenn Sie etwas nicht verstehen oder ein Begriff mehrfach verwendet wird und Sie klären wollen, wie er gemeint ist. Sehr häufig gehen Gesprächsteilnehmer davon aus, daß ein bestimmtes Wort für jeden die gleiche Bedeutung hat. Dem ist jedoch keineswegs so. Schon einfachste Begriffe wie z.B. Freundschaft haben für verschiedene Menschen unterschiedliche Bedeutung.

Für den einen bedeutet es, daß man auch nachts um 3 Uhr anrufen und um Hilfe bitten kann, für eine andere Person wäre dies etwas, was sie bei einer Freundin niemals tun würde. Es ist also wichtig, nicht von vornherein davon auszugehen, daß Sie immer genau wissen, was andere meinen.

Das führt zu einem weiteren Aspekt der Kommunikation: fragen statt sagen. Sicher kennen Sie den folgenden Ablauf eines Gesprächs: Eine Freundin klagt Ihnen Ihr Leid. Sie überlegen sich sofort, in welcher Form Sie ihr unter die Arme greifen können, und geben ihr Anregungen für ihr weiteres Verhalten. Manchmal ist das ja auch hilfreich. Meist führt es jedoch dazu, daß die andere Person vor lauter guten Ratschlägen aus dem Freundeskreis noch weniger als vorher in der Lage ist, an der eigenen Situation etwas zu verändern. Und schließlich sind alle frustriert.

Anders läuft es, wenn Sie Ihr Gegenüber durch Fragen zu einer Lösung zu führen. Dadurch appellieren Sie an die Eigenverantwortung Ihres Gesprächspartners und zeigen ihm damit das in jedem von uns steckende kreative Potential auf. Damit verteilen sich die „Lasten" gleichmäßiger, und am Ende sind alle zufriedener. Im obigen Beispiel könnten Sie Ihre Freundin fragen: „Welche Lösungen hast du dir bereits überlegt? Was würdest du in der Situation am liebsten tun? Was würde geschehen, wenn du es in die Tat umsetzt?" Auf diese Weise erkennen Sie besser, wo der mögliche Knackpunkt liegt, und verschießen das Pulver Ihrer guten Ratschläge nicht in die falsche Richtung. Denn meist geht es überhaupt nicht um die Angelegenheit, die gerade beschrieben wird, sondern um ein tieferliegendes und grundsätzlicheres Problem, wie z.B. eine allgemeine Unzufriedenheit oder fehlendes Selbstvertrauen. Wenn Sie den wahren Grund herausgefunden haben, können Sie konkrete Vorschläge unterbreiten, die tatsächlich dazu beitragen, zu einer Lösung zu gelangen, einer individuellen Lösung für die Person, die das Problem hat. Diese Lösung wird sich möglicherweise von der unterscheiden, die für Sie in einer vergleichbaren Situation die richtige und passende wäre.

In einem Erfolgsteam kommen Sie mit sehr unterschiedlichen Menschen und Themen in Berührung. Dadurch lernen Sie, in Gesprächssituationen flexibler zu sein und sich stärker auf Ihren Gesprächspartner einzustellen. Alle genannten Fähigkeiten führen dazu, daß Sie Ihr Repertoire erweitern und auch in anderen Bereichen Ihres Lebens mehr Erfolg erzielen werden.

Doch das ist nur eine der Nebenwirkungen, wenn auch eine sehr wesentliche. Eine andere ist die:

Teamfähigkeit

In Unternehmen unterscheidet man drei Arten von Teams: Krisenteams, Hochleistungsteams und Produktionsteams. Erfolgsteams umfassen alle drei Kategorien, wenn auch in einem anderen Sinn, als dies in Firmen oder Organisationen der Fall ist. Erfolgsteams sind Hochleistungsteams, denn durch die Teilnahme erreicht jeder schneller mehr als im Alleingang. Sie sind in gewissem Sinne auch Produktionsteams, denn durch die Ideen der Teammitglieder entstehen häufig auch neue Produkte, die in der Folge umgesetzt werden. Und wenn es mal nicht so läuft, wie man es sich vorstellt, dann sind Erfolgsteams auch Krisen(bewältigungs)teams.

In Unternehmen zeichnen sich gut funktionierende Teams aus durch:

- Selbstorganisation,
- Teamzusammensetzung,
- offenes, ehrliches Feedback,
- Synergieeffekte,
- hohe Motivation und Spaß an der Arbeit,

- wechselnde Moderation bzw. Leitung durch die einzelnen Teammitglieder.

Bei Firmenteams geht es immer um ein Unternehmens- oder Gruppenziel, das alle gemeinsam verfolgen. In einem Erfolgsteam hingegen hat jedes Teammitglied ein persönliches Ziel vor Augen, das er zu Beginn festgelegt hat und das im Laufe der Zeit durchaus angepaßt oder sogar vollständig geändert werden kann. Dennoch treffen auch auf Erfolgsteams die erwähnten Kennzeichen zu. All diese Aspekte werden in diesem Buch ausführlich beschrieben.

In diesem Kapitel geht es um die besonderen Fähigkeiten, die Sie als Mitglied eines Erfolgsteams erwerben und die sich auf jedes andere Team übertragen und dort erfolgreich einsetzen lassen.

Einige der Fähigkeiten, die Sie in einem Erfolgsteam ganz nebenbei erwerben, sind:

- Respekt für Menschen, die anders sind als Sie selbst,
- Verständnis für unterschiedliche Meinungen,
- der Umgang mit anderen Auffassungen und Vorgehensweisen und auch
- die Erkenntnis, daß man mit anderen zu differenzierteren und besseren Lösungen gelangt als allein.

Diese Aspekte sind besonders wichtig für Freiberufler und Selbständige, die alleine arbeiten. Wenn Sie bislang keine Erfahrung in der Zusammenarbeit mit anderen Menschen haben, können Sie hier lernen, sich in einem Team zurechtzufinden.

Vielleicht waren Sie vor dem Schritt in die Selbständigkeit in einem Unternehmen beschäftigt und dort in ein Team eingebunden, in dem sie gemeinsam an Lösungen gearbeitet haben. Nach dem Übergang in das „Einzelkämpferdasein“ ist es besonders wichtig, die einmal erworbenen Fähigkeiten zu erhalten und nicht zum Eigenbrötler zu mutieren. Diese Gefahr entsteht leicht. Doch vielleicht wächst Ihr Geschäft dank der Mitgliedschaft in einem Erfolgsteam so rasch, daß Sie demnächst einen und später weitere Mitarbeiter einstellen müssen. Dann kommen Ihre Teamfähigkeiten voll zum Einsatz.

Falls Sie auch weiterhin allein arbeiten wollen, engagieren Sie sich möglicherweise in einem Verein, einer gemeinnützigen Organisation oder einer Partei. Auch dort ist die Fähigkeit, mit anderen Menschen umzugehen und auf sie einzugehen, Voraussetzung für ein gelungenes Miteinander.

Für diejenigen, die sich nach einem neuen Arbeitsplatz umsehen, ist es ohnehin eine Fähigkeit, die Sie heute mitbringen müssen, um überhaupt eine Anstellung zu finden. Experten, die sich mit Arbeitsmodellen der Zukunft befassen, weisen immer wieder darauf hin, daß die Zukunft projektbezogener Arbeit gehört. Es werden Teams gebildet, die gemeinsam an einer Sache arbeiten, bis sie erledigt ist. Für das nächste Projekt wird dann ein neues Team zusammengestellt.

Wie auch immer Sie derzeit arbeiten, für eine erfolgreiche berufliche Zukunft brauchen Sie Teamgeist und die Fähigkeit, gut mit anderen Menschen zusammenzuarbeiten. Im Unternehmen sind dies die Kollegen, in der Selbständigkeit die Mitarbeiter oder die Kunden und Geschäftspartner. Als Mitglied eines Erfolgsteams können Sie Erfahrungen sammeln und sich Fähigkeiten aneignen, die Ihnen in allen anderen Teams von Nutzen sind.

Problemlösungsmethoden

Wer ein Ziel verfolgt, stößt früher oder später an Grenzen, die zunächst unüberwindlich erscheinen. Sie stehen vor einer Mauer und kommen nicht voran. Alles scheint sich gegen Sie verbündet zu haben. Jetzt sind neue Ideen gefragt, mit denen Sie das Hindernis überwinden, umgehen oder beseitigen können. Wenn Sie schon jede Methode probiert haben, die Sie kennen, wenn nichts geholfen hat, wenn die Mauer immer noch vorhanden ist, ist der Zeitpunkt erreicht, sich an andere zu wenden und um Anregungen zu bitten. Also bringen Sie Ihr Problem in der Unterstützungsrunde ein, stellen dort die Situation dar und beschreiben, welche Wege Sie bereits beschritten haben. Dann fragen Sie die anderen: *Welche anderen Möglichkeiten gibt es? Wie läßt sich die Situation noch bewältigen? Welche anderen Problemlösungsmethoden kennt ihr?*

Sie stellen diese Fragen und hören sich an, was anderen dazu einfällt, mit welchen Methoden sie bereits gearbeitet und welche Erfahrungen sie damit gesammelt haben. Spätestens jetzt finden Sie heraus, wie kreativ Ihr Team tatsächlich ist. Sie werden eine Überraschung erleben, denn die meisten kennen viele effektive Methoden und Techniken.

Ob sie diese Methode korrekt benennen können, spielt dabei keine Rolle, entscheidend ist, welches Ergebnis sich damit erzielen läßt. Wenn die Zeit es zuläßt, können Sie eine neue Möglichkeit auch sofort testen, andernfalls in der nächsten Sitzung oder zu Hause mit Familie oder Freunden. Eventuell auch in einem separaten Treffen mit einzelnen Mitgliedern, in dem Sie eine Methode kennenlernen und ausprobieren können.

Im Laufe des Berufslebens gibt es so vieles, was man lernt und doch nur selten tatsächlich einsetzt. In einem Erfolgsteam ergeben sich immer wieder Gelegenheiten, altes Wissen hervorzuholen und aufzufrischen. Auf diese Weise erweitern Sie ständig Ihr Repertoire an Problemlösungsmöglichkeiten. Dort können Sie auch einmal eine Technik einsetzen, die Sie vor Jahren in einem Seminar kennengelernt, danach jedoch nie in die Praxis umgesetzt haben. Jetzt fällt sie Ihnen wieder ein. Sie frischen Ihre Erinnerung auf und bieten an, Ihr Wissen das nächste Mal im Team vorzustellen. So lassen Sie andere daran teilhaben. Dabei erleben Sie auch, wieviel leichter es ist, eine Methode an einem konkreten und relevanten Beispiel auszuprobieren und nicht nur – wie häufig in Seminaren – in der Theorie oder an einem allgemein gehaltenen Fall.

Sie werden feststellen, daß es Spaß macht, die gelernten Strategien und Methoden für die Lösung von Problemen einzusetzen. Je öfter Sie Problemlösungs- und Kreativitätsmethoden verwenden, desto geläufiger werden sie Ihnen, und um so größer wird die Wahrscheinlichkeit, daß Sie diese auch in einem anderen Umfeld verwenden. Und das wird diesem Umfeld nicht verborgen bleiben.

Strategie und Planung

Wie bei jedem anderen Projekt beginnen Sie Ihre Arbeit im Erfolgsteam damit, daß Sie Ihr Ziel klar und eindeutig definieren. Falls Sie noch nicht wissen, welches Ziel Sie verfolgen möchten, finden Sie in Teil IV zunächst Anregungen für Ihre persönliche Zielfindung. Das zweite Kapitel beschreibt dann die Kriterien, nach denen Sie Ihr Ziel so formulieren, daß es seine volle Wirkung entfalten kann.

Sobald Ihr Ziel festliegt, folgt die Umsetzung. Damit beginnt die eigentliche Arbeit, an deren Ende die Verwirklichung Ihres Zieles liegt. Viele Menschen gehen dabei planlos vor. Sie sind der Überzeugung, daß Aktion allein ausreicht und sich alles weitere schon ergeben wird. Damit sind sie einem Wanderer vergleichbar, der zwar weiß, welchen Ort er bis zum späten Nachmittag erreichen will, der sich aber ohne Karte und nur „der Nase nach“ auf den Weg macht und darauf vertraut, daß unterwegs genügend Wegweiser sein werden und er jederzeit andere Menschen fragen kann. Wie groß ist seine Chance, daß er sein Tagesziel tatsächlich erreicht? Vielleicht hat er ja

Glück und verläuft sich nicht. Mit einer Karte wäre er auf jeden Fall auf der sicheren Seite und könnte bei kritischen Weggabelungen nachsehen, in welche Richtung es weitergeht. Auch Sie kommen mit einem Plan schneller und zielgerichteter voran.

Einige der Fragen, die bei der Planung und der Entwicklung einer guten Strategie als Leitfaden dienen können, sind folgende:

- Welche Schritte sind in welcher Reihenfolge zu erledigen?
- Welche Zwischenziele möchte ich bis zu welchem Zeitpunkt erreichen?
- Wie schaffe ich die zeitlichen Freiräume, damit ich mich tatsächlich meinem Ziel widmen kann?
- Welche finanziellen Mittel sind erforderlich, und woher kommen sie?
- Wo erhalte ich die erforderlichen Informationen, und wie komme ich an wichtige Quellen?

Durch die Beschäftigung mit diesen und weiteren Fragen, die im Verlauf auftauchen, lernen Sie „ganz nebenbei", wie Sie am besten vorgehen, damit Sie erreichen, was Sie sich vorgenommen haben. Falls Sie bislang nichts über Strategie und Planung wissen, bietet Ihnen Ihre Zugehörigkeit zum Erfolgsteam ein weiteres Lernfeld.

Einige Methoden, die die Planung und die Beantwortung der zuvor genannten Fragen erleichtern, finden Sie in Teil IV. im Kapitel „Zielerreichung".

Andere Bereiche

Neben diesen eher traditionellen „Nebenwirkungen", die Sie fast überall einsetzen können, erweitern Sie Ihre Fähigkeiten auch noch auf anderen Gebieten. Diese Effekte stellen sich fast automatisch ein – in einem eher unmerklichen Prozeß. Meist erkennen die Mitglieder nach einigen Monaten oder auch erst aus einem größeren zeitlichen Abstand, daß sich auch in diesen Bereichen etwas verändert hat. Da ist zum einen die ...

Risikobereitschaft

An anderer Stelle wurde bereits beschrieben, daß die Mitglieder eines Teams Vorbild für einander sind. Dies gilt in besonderem Maße für die Bereitschaft, Risiken einzugehen. Der Schriftsteller Carl Amery sagte einmal: „Risiko ist die Bugwelle des Erfolges." Wer erfolgreich sein möchte, muß also bereit sein, persönliche Grenzen zu überwinden und unbekannte Wege zu beschreiten. Allein fällt das schwer. Erst die Ermutigung durch andere gibt den nötigen Anstoß, ein Wagnis einzugehen und den inneren Schweinehund zu überwinden.

Dies ist natürlich kein Aufruf zu waghalsigen Abenteuern. Darum geht es nicht. Meist sind es Kleinigkeiten, die riskant erscheinen. Es sind oft Schritte, die Menschen mit einem anderen Erfahrungshintergrund, lächerlich vorkommen. Das spielt jedoch keine Rolle. Entscheidend ist, wie sich die Situation für den Betroffenen darstellt.

Wer zum Beispiel gewohnt ist, sich durchzusetzen, und keine Schwierigkeiten hat, seinen Mund aufzumachen, kann sich nicht vorstellen, daß dies für jemanden, der alles hinunterschluckt, eine Herausforderung darstellt. Ein Risiko, an das man sich erst langsam herantasten muß. Das bedarf einer gründlichen Vorbereitung, in der Formulierungen ausprobiert und wieder verworfen werden. Doch dann ist die Feuerprobe bestanden, und Sie haben beispielsweise dem Kollegen gesagt, daß Sie nicht einverstanden sind mit der Art und Weise, wie er unangenehme Arbeiten einfach so lange vor sich herschiebt, bis Sie diese schließlich in seiner Vertretung erledigen. Und Sie haben festgestellt, daß nichts Dramatisches eingetreten ist. Das gilt es als einen Sieg für die Selbstüberwindung zu feiern.

Vielleicht erleben Sie etwas ganz anderes als Risiko, etwas Spektakuläreres oder etwas Banaleres. Was auch immer es ist, Ihr Team kann Sie dabei unterstützen, das zu wagen, was Sie sich bislang nicht zugetraut haben. Anschließend können Sie weitere Dinge in Angriff zu nehmen, wenn Sie festgestellt haben, daß es einfacher war, als Sie es sich vorgestellt hatten. Ein Seminarteilnehmer hatte dazu folgenden Traum:

Er steht vor einem Fluß, den er überqueren möchte, denn auf der anderen Seite geht der Weg weiter, der ihn an sein Ziel bringt. Er weiß, daß es wichtig ist, dorthin zu gelangen, und er möchte es auch. Doch zwischen ihm und dem Weg liegt der Fluß, der ihm reißend und wild erscheint. Er hört das Tosen der Wassermassen, und ihm graut vor dem Gedanken, daß ihn der Fluß mitreißen könnte.

Schließlich nimmt er allen Mut zusammen und setzt einen Fuß ins Wasser. Dabei stellt er zu seiner Überraschung fest, daß ihm das tosende Wasser nur bis zu den Knien reicht. Es ist keineswegs so tief und reißend, wie er es sich vorgestellt hatte. Auch an der tiefsten Stelle reicht es ihm gerade bis zu den Oberschenkeln.

Auf der anderen Seite angekommen, fragt er sich, warum er so lange zögerte und solche Angst vor dem Fluß hatte.

Derartige Situationen kennt jeder, und wenn man auf dem Weg durch die „tosende Fluten“ von anderen unterstützt wird, fällt alles leichter. Und hinterher läßt sich mit den anderen darüber lachen, daß man wieder einmal aus einer Mücke den berühmten Elefanten gemacht hat.

Damit ist auch gleich ein anderer Aspekt angesprochen:

Unterstützung erbitten

Nicht jeder ist in der Lage, andere um Unterstützung zu bitten. Männer tun sich damit noch schwerer als Frauen. Sie haben gelernt, daß es ein Zeichen von Stärke ist, seine Probleme allein zu lösen. Diejenigen Männer, die sich zur Teilnahme an einem Erfolgsteam entschließen, haben meist weniger Probleme damit. Für sie ist es selbstverständlich, alle Möglichkeiten eines Teams zu nutzen. Frauen hingegen sind zwar sehr geübt in der Fähigkeit, anderen zu helfen, doch wenn es darum geht, für sich selber etwas zu erbitten, dann kommt die anerzogene Bescheidenheit ins Spiel und damit möglicherweise in die Quere.

Im Team lernen alle Beteiligten jedoch schnell, daß es in Ordnung ist, sich Hilfe zu holen und die Unterstützungsrunde für die eigenen Ziele zu nutzen. In dem Maße, in dem das Vertrauen unter den Teilnehmern wächst, steigt auch die Bereitschaft, sich zu holen, was man braucht, um auf dem eingeschlagenen Weg weiterzukommen.

Da das Thema „Unterstützung" ein zentrales Element der Erfolgsteams ist, finden Sie hierzu im nächsten Kapitel zahlreiche Anregungen und Beispiele.

Aus Fehlern lernen

Erfolgreiche Menschen wissen, daß Erfolg und Mißerfolg untrennbar verbunden sind. Sie haben gelernt, Mißerfolge als „mißlungene Erfolge" zu betrachten, als etwas, aus dem sie lernen können. Folgender Satz bringt das auf den Punkt: *Dumme Menschen machen immer wieder den gleichen Fehler; kluge Menschen machen immer wieder neue Fehler.* Es ist eine Frage der inneren Haltung zu dem, was auf dem Weg zum Ziel an Aufgaben wartet. Wie reagieren Sie, wenn die Dinge nicht so laufen, wie Sie es sich vorstellen? Ihre Einstellung entscheidet darüber, ob Sie „im Rennen“ bleiben oder ausscheiden.

Auch in einem Erfolgsteam sind Sie nicht vor Niederlagen gefeit. Unwägbarkeiten gibt es dort genauso wie in anderen Bereichen des Lebens auch. Sie haben allerdings einen Vorteil, den Sie nutzen können: Sie müssen die Fehler der anderen nicht wiederholen, sondern können von ihrem Wissen profitieren.

Eine Teilnehmerin, die sich als Beraterin selbständig machen möchte, nutzte diese Erkenntnis. Sie befragte die anderen Mitglieder, die alle bereits selbständig arbeiteten: „Welche Fehler habt Ihr am Anfang gemacht, die Ihr heute vermeiden würdet?“ Als Antwort erhielt sie eine Reihe von Anregungen, die ihr bei der weiteren Planung helfen werden.

Durch die Teilnahme an einem Erfolgsteam erreichen Sie schneller ein professionelles Niveau, wenn Sie regelmäßig die Möglichkeit nutzen, die Erfahrungen der anderen zu erfragen, und diese bei der eigenen Entscheidungsfindung zu berücksichtigen. Das Vertrauen und die fehlende Konkurrenzsituation in einem heterogenen Erfolgsteam führen dazu, daß die Mitglieder offen über ihre Erfahrungen berichten, und dazu gehören auch negative Ergebnisse. Erkenntnisse aus fehlgeschlagenen Schritten sind nicht nur für den einzelnen, sondern auch für seine Teamkollegen sehr wertvoll. Denn diese Fehler müssen nicht wiederholt werden. Statt dessen werden neue Erfahrungen gemacht, von denen wieder alle profitieren können. Das fördert zugleich das zielgerichtete Vorgehen.

Wenn Sie am Anfang Ihr Ziel definieren, dann wollen Sie es auch erreichen. Das ist schließlich ein Grund dafür, daß Sie sich zur Teilnahme an einem Erfolgsteam entschlossen haben. Bei jeder Sitzung taucht – wenn auch häufig nur unterbewußt – die Frage auf: *Wo stehe ich im Hinblick auf mein Ziel?* Im Verlauf Ihrer Teamzugehörigkeit kommen Sie also nicht umhin, sich regelmäßig mit Ihren Zielen zu beschäftigen.

Auch das unterscheidet die Arbeit im Team vom Vorgehen, wenn Sie allein etwas erreichen wollen. Da lassen sich Ziele auch mal zur Seite schieben und für einige Zeit vollkommen ignorieren. Plötzlich sind dann einige Monate vergangen, ehe Sie sich wieder daran erinnern, daß da etwas war, was Sie sich vorgenommen hatten. In einem Erfolgsteam sind Sie sich Ihres Verhaltens bewußter. Wenn Sie eine Pause einlegen wollen, können Sie das nicht unreflektiert tun. Sie kommen in einen gewissen Erklärungsnotstand oder haben zumindest ein Bedürfnis danach, sich zu rechtfertigen.

7. Unterstützung

Die gegenseitige Unterstützung ist das Kernstück eines Erfolgsteams. Mit ihr steht und fällt der Erfolg, den Sie in Ihrem Team erreichen.

Im Wörterbuch finden sich zum Stichwort Unterstützung Begriffe wie annehmen, beantragen, beziehen, empfangen, erbitten, erhalten, fordern.

All dies ist Teil dessen, was in einem Erfolgsteam geschieht. Doch kommt noch ein wesentliches Element hinzu, das darüber hinausgeht: die Gegenseitigkeit. Üblicherweise – und die genannten Begriffe zeigen dies recht deutlich – wird Unterstützung als etwas Einseitiges betrachtet und empfunden. Da gibt es jemanden, der beantragt, erbittet, sogar fordert und als Ergebnis dann die Unterstützung annimmt, bezieht, empfängt oder erhält. Daraus entsteht leicht ein Ungleichgewicht, ein Verhältnis von Über- und Unterordnung, bei dem sich eine Person besser fühlt als die andere.

Für ein Team wäre dies eine schlechte Voraussetzung und würde zu seinem baldigen Ende beitragen. In der therapeutischen Arbeit mit Paaren heißt es beispielsweise: *Wer nicht geben kann, der geht.* Wichtig ist also der Grundsatz des Gebens und Nehmens. Die Gegenseitigkeit ist verantwortlich dafür, daß eine Balance entsteht, ein Gefühl des Gleichgewichts zwischen allen Beteiligten. Nur damit fühlen sich alle auf Dauer wohl.

Es gibt in den Teams immer wieder – oft weibliche – Teilnehmer, die sich am Anfang schwer damit tun, klar auszusprechen, was sie sich an Unterstützung von den anderen Teilnehmern wünschen. Das ist auch kein Wunder, denn gerade Frauen wachsen damit auf, daß sie selbstlos sein und ihre Bedürfnisse und Wünsche hintanstellen sollen. Damit verlernen diese Frauen nicht nur die Fähigkeit, ihre Bedürfnisse überhaupt wahrzunehmen, sondern auch, sie klar zum Ausdruck zu bringen.

Da Männer dieses Rollenverhalten nicht gelernt haben, ist es für sie meist leichter, sich in einem Erfolgsteam zu behaupten und es für ihre Ziele zu nutzen. Sie haben eher die Hemmschwelle, sich einem Team überhaupt anzuschließen. Wenn sie sich einmal dazu entschlossen haben, an einem Erfolgsteam teilzunehmen, nutzen sie die Möglichkeiten des Teams für sich und ihre Ziele.

Wer am Anfang zu oft sagt „Ich brauche keine Unterstützung" und seine Zeit den anderen zur Verfügung stellt, merkt recht schnell, wie andere diese Zeit nutzen, wieviel sie durch die Anregungen und Ideen der anderen profitieren und welche Schritte ihnen dadurch möglich werden. Ganz langsam beginnen die Zurückhaltenden dann, ebenfalls nach Ideen der anderen zu fragen, Unterstützung einzufordern und Vorschläge anzunehmen.

Damit Sie die Möglichkeiten der Unterstützung in den Sitzungen Ihres Teams nutzen können, erhalten Sie in diesem Kapitel Anregungen dafür, in welcher Form Sie sich gegenseitig Hilfestellung geben können. Es bieten sich folgende Möglichkeiten an:

- Brainstorming,
- Rollenspiel und Generalprobe,
- Quellensuche, Recherche und Informationsbeschaffung,
- Unterstützung bei der Entscheidungsfindung,
- Feedback erhalten,
- Fähigkeiten und Fertigkeiten austauschen,
- Unterstützung bei einem Projekt,
- „Erste Hilfe“ – wenn nichts mehr geht.

Brainstorming

Dies ist die wohl bekannteste und auch am weitesten verbreitete Methode, um zu neuen Ideen und Anregungen zu gelangen. Es gibt eine Reihe von Regeln, die zu beachten sind, damit Sie zu wirklich neuen Ergebnissen kommen. Diese Regeln finden Sie in Teil IV. im Kapitel „Zielerreichung“. Dort wird auch das Brainstorming „plus“© beschrieben, eine Technik, mit der Sie aus jeder noch so verrückt und unpassend erscheinenden Idee eine für Sie maßgeschneiderte Lösung entwickeln können.

Beispiele für Fragen und Gelegenheiten, bei denen Sie Brainstorming einsetzen können:

- Wer könnte sich für meine (neuartige) Geschäftsidee interessieren?
- Welche Personen/Organisationen/Firmen kann ich ansprechen, um herauszufinden, ob mein Konzept/Produkt von Interesse ist/ankommt?
- Wie kann ich besser mit Widerständen umgehen? (Das Ergebnis eines Brainstormings hierzu finden Sie in Teil IV.)
- Welche PR-Maßnahmen bieten sich für ein Schulungsunternehmen an?
- Titelvorschläge für ein neues Seminarkonzept zur Persönlichkeitsentwicklung
- Ideensammlung zum Einsatz von Stärken und Fähigkeiten in einem neuen Berufsfeld
- Produktideen für einen Trainer
- Ungewöhnliche Ideen für die Vermarktung eines Dienstleistungsangebots
- Assoziationen zu einem bestimmten Begriff, z.B. „Ziele“ oder „Potential“

Mit den so gesammelten Anregungen schaffen Sie sich einen Pool an Ideen, die Sie in nächster Zeit umsetzen können. Meist dauert es einige Zeit, bis Sie alles überprüft und verfolgt, manches ergänzt oder verworfen haben. Damit keine Idee im Papierkorb landet, können Sie Brainstorming „plus“© einsetzen.

Ich zehre noch heute von den Vorschlägen meiner amerikanischen Kollegen, die ich kurz vor meiner Rückkehr nach Deutschland erhielt. Alle paar Monate sehe ich mir die Liste wieder an und finde darin Anregungen für ein neues Produkt oder eine Variante meines Angebots.

Rollenspiel und Generalprobe

Rollenspiele sind eine hervorragende Möglichkeit, um sich auf neue oder ungewohnte Situationen einzustellen. Sie können dadurch spielerisch an eine Sache herangehen und in einem geschützten Rahmen etwas Neues ausprobieren. Von den anderen Teilnehmern hören Sie anschließend, wie Ihre Argumentation angekommen ist oder wie sie auf Ihr Anliegen reagieren. Sie erkennen dadurch mögliche Schwachstellen bereits im Vorfeld und können sie verbessern oder ganz weglassen.

Zusätzlich bietet das Ausprobieren im Team eine Form des mentalen Trainings. Unser Unterbewußtes ist nicht in der Lage, zwischen Realität und Spiel zu unterscheiden. Diese Tatsache können Sie beim Rollenspiel nutzen. Je öfter Sie eine Situation im Geiste – oder in Ihrem Erfolgsteam – durchspielen, desto leichter wird es Ihnen in der konkreten Situation fallen, locker und ungezwungen aufzutreten.

Rollenspiele lassen sich u.a. in folgenden Situationen einsetzen:

- Einstieg in ein wichtiges Gespräch mit einem neuen Kunden,
- Vorbereitung auf ein Vorstellungsgespräch,
- Testlauf für Gespräche, die Ihnen unangenehm sind,
- Ausprobieren einer neuerworbenen Fähigkeit oder Methode,
- Erproben einer neuen Technik vor dem Einsatz in einem Training oder Kundengespräch,
- eine neue Identität ausprobieren.

Zwei dieser Beispiele sollen ausführlicher vorgestellt werden, damit Sie eine bessere Vorstellung davon erhalten, wie Rollenspiele wirken und wo sie zum Einsatz kommen können.

Das erste Beispiel bezieht sich auf das Erproben einer neuerworbenen Technik vor dem ersten Einsatz im Seminar. Eine Teilnehmerin spielt mit dem Gedanken, zukünftig Gedächtnistrainings anzubieten. Sie hat bereits einen Kurs besucht und die dort gelernten Übungen zu Hause weiter vertieft. Jetzt möchte sie herausfinden, ob ihre Fähigkeiten schon ausreichen, um sie in der Öffentlichkeit anzubieten. Im Rahmen ihrer Unterstützungsphase fordert sie die anderen Teilnehmer auf, ihr 20 Begriffe zu nennen, die sie nach der neuen Methode so verankern will, daß sie sich bei der nächsten Sitzung noch an alle Begriffe erinnert.

Vielleicht denken Sie jetzt – ähnlich wie die anderen Teammitglieder: *Das kann sie doch auch zu Hause mit ihrer Familie durchführen, warum macht sie das denn im Team?* Die Antwort ist einfach: Im gewohnten Umfeld fiel es ihr inzwischen leicht, sich an alle Begriffe zu erinnern. Wie sich in der Sitzung herausstellte, war es in der Teamsituation bereits deutlich schwerer als im familiären Umfeld, sich auf die Gedächtnisübung zu konzentrieren. Wie wäre es dann erst in einer Seminarsituation mit gespannten und vielleicht auch skeptischen Kursteilnehmern? Dieses Risiko konnte und wollte sie nicht eingehen und nutzte daher auch noch die nächsten Sitzungen zum Üben.

Das zweite Beispiel bezieht sich auf das Ausprobieren einer neuen Identität. Meine amerikanische Trainingskollegin Caroline hatte gemeinsam mit ihrem Mann einige Kurse besucht, in denen sie lernte, als Clown aufzutreten, und sich dabei eine neue Identität als Clown „Polly" zugelegt. In einem bevorstehenden Vortrag wollte sie in dieser neuen Rolle auftreten und sich vorher entsprechend vorbereiten.

Da ich auf dem Weg zu unserem Sitzungsort an ihrer Wohnung vorbeikam, bat Caroline mich, sie zu Hause abzuholen. Zu meiner großen Überraschung öffnete mir „Polly" in voller Kostümierung die Tür und teilte mir mit, daß Caroline leider verhindert sei. Wir fuhren gemeinsam los und hatten eine Menge Spaß, denn sie behielt die ganze Zeit ihre Clown-Identität bei. Auch die anderen waren begeistert und fasziniert. Wir gaben ihr Anregungen für eine Optimierung ihres Auftritts und bewunderten ihren Mut, sich in völlig anderer Art und Weise vor ein Publikum zu wagen.

Zugleich war es auch für uns eine Anregung, einmal in eine andere Rolle zu schlüpfen und selber festzustellen, welche Veränderung der Persönlichkeit damit verbunden ist. In ihrer Rolle als Polly traten bei Caroline Persönlichkeitszüge zutage, die wir so bislang noch nicht an ihr erlebt hatten: Sie war viel witziger und lebendiger, als wir sie kannten.

Dieses Beispiel zeigt auch, daß ein Rollenspiel durchaus als Generalprobe für einen öffentlichen Auftritt dienen kann. Wie im Theater geht es auch im Erfolgsteam darum, vor einem wichtigen Ereignis – der Premiere – das Stück noch einmal durchzuspielen. Dies geschieht in dem Kostüm und in der Fassung, die Sie Ihrem „Publikum“ – den Zuhörern in einem Vortrag, dem Personalchef bei einer Bewerbung oder dem Kunden im Verkaufsgespräch – präsentieren wollen. Hier können letzte Feinheiten besprochen und etwaige Ungenauigkeiten bereinigt werden.

Quellensuche, Recherche und Informationsbeschaffung

Das Team steht Ihnen auch zur Seite, wenn es darum geht, bestimmte Dinge in Erfahrung zu bringen. Dies funktioniert selbst dann, wenn die Vorgaben sehr vage sind. Generell ist es natürlich leichter, wenn Sie wissen, welche Informationen Sie brauchen. Je präziser Sie Ihren Wunsch formulieren können, desto treffender sind die Anregungen, die Sie erhalten. Manchmal ist dies allerdings nicht möglich, weil sich noch keine konkreten Vorstellungen herauskristallisiert hatten.

Dann kann es hilfreich sein, mit anderen zu sprechen und auf diese Weise zu größerer Klarheit zu gelangen. Etwas auszusprechen und die Ansätze oder Fragen der anderen zu hören hilft bei der Klärung der eigenen Gedanken – und führt zu einem neuen Versuch. *Viele Wege führen nach Rom,* heißt es im Sprichwort, und manche dieser Wege sind Umwege. Welche es sind, läßt sich häufig erst im nachhinein beurteilen. In jedem Fall tragen auch Umwege dazu bei, dem Ziel näher zu kommen. Sie erfahren dadurch, was nicht zu Ihnen paßt oder was Sie nicht wollen, und gelangen auf diese Weise letztlich doch nach Rom, sprich an Ihr Ziel.

Einige Beispiele für Quellensuche, Recherche und Informationsbeschaffung:

- Pressekontakte, um eine Dienstleistung bekannter zu machen,
- Hersteller von preiswerten und pfiffigen Requisiten für den Einsatz im Training,
- Grafiker, die auf die Entwicklung von Logos spezialisiert sind,
- Ansprechpartner in Hotels, um sie für eine spezielle Leistung für Geschäftskunden zu gewinnen,
- Zeitungen und Zeitschriften, in denen sich Artikel über das eigene Fachgebiet plazieren lassen,
- günstige Hersteller und/oder Lieferanten für Büromaterial, Spezialpapiere oder andere Produkte, die Sie benötigen,
- generelle Informationen und Kontaktadressen für alles, was Sie für Ihre Zielerreichung brauchen.

Das Team ist eine reiche Quelle für Informationen aller Art, ein Reservoir, das Sie jederzeit anzapfen können. Die meisten Menschen sind überrascht, was sie alles erfahren, wenn sie erst einmal wagen, danach zu fragen. Am Ende meiner Netzwerkabende führe ich gerne ein Spiel durch, bei dem die Anwesenden Gelegenheit haben, innerhalb kurzer Zeit Informationen zu einem persönlichen Anliegen zu sammeln. Es endet regelmäßig mit großem Erstaunen, wie viele gute Ansätze innerhalb von 20 bis 30 Minuten zusammenkommen.

Unterstützung bei der Entscheidungsfindung

Sicher kennen Sie Situationen, in denen Sie durch das Gespräch mit einer Freundin oder einem Freund in die Lage versetzt wurden, zu einer Entscheidung zu kommen, die Ihnen zuvor nicht möglich war. Alleine vor sich hin denkend drehten Sie sich immer wieder im Kreis und kamen aus Ihrer Gedankenmühle nicht heraus. Das Gespräch mit einer anderen Person brachte neue Ansätze und zeigte Aspekte auf, die Ihrer Aufmerksamkeit vorher entgangen waren. Auf einmal ist die Entscheidung einfach und klar.

Im Gespräch mit anderen lassen sich auch leichter Pro- und Contra-Argumente finden und artikulieren. Sie haben ein Gegenüber, das Ihnen zuhört, Fragen stellt, wenn etwas unklar ist, und auf Denk- und Argumentationsfehler aufmerksam macht. All dies trägt dazu bei, daß die Entscheidung leichter fällt.

Diese Vorgehensweise läßt sich auch sehr gut in einem Erfolgsteam einsetzen. Dort haben Sie gleich mehrere Zuhörer, die unterschiedliche Aspekte einbringen. Sie hören verschiedene Meinungen, auch solche, die voneinander abweichen. Dadurch unterscheidet sich die Entscheidungsfindung im Team vom Telefonat mit der Freundin oder dem Gespräch mit dem Partner.

Ich möchte dies anhand eines persönlichen Beispiels illustrieren. Im Herbst 1996 fragte mich eine englische Kollegin, ob ich Interesse daran hätte, an einem europaweiten Frauenprojekt teilzunehmen. Es gab für mich einige Gründe, die dafür sprachen, und auch einige dagegen. Ich versuchte zunächst, allein zu einem Ergebnis zu gelangen – ohne Erfolg. Ich drehte mich im Kreis. Schließlich brachte ich die Bitte um Hilfe bei der Entscheidungsfindung ins Team ein. Ich erläuterte die Situation und bat die anderen, mir durch gezielte Fragen zu helfen. Am Ende der Sitzung wußte ich nicht nur, wie ich mich entscheiden würde, sondern kannte auch die Gründe für meine Entscheidung und die Ziele, die ich damit verfolgte.

Feedback erhalten

Es ist immer wieder hilfreich, sich von anderen Bestätigung zu holen oder zu überprüfen, ob man die richtige Spur verfolgt. Auch wenn Sie Ihre Entscheidungen letztlich alleine treffen müssen, ist der Input von außen doch hilfreich. Auch diese Art von Rückmeldung läßt sich in der Unterstützungsphase erbitten. Hier sind drei Bereiche, in denen Sie die Feedback-Methode besonders gut einsetzen können:

- Hinweise auf die eigene Person und ihre Wirkung auf andere,
- Rückmeldungen zu geplanten Werbeaktionen, Prospekten, Pressemitteilungen etc.,
- Anregungen für ein zukünftiges Verhalten.

Hinweise über die eigene Person und ihre Wirkung auf andere

Besonders für Menschen, die sich in einer beruflichen Umbruchphase befinden, ist es sehr hilfreich, das eigene Bild zu überprüfen und sich dazu Feedback von anderen zu holen. Dabei treten oft überraschende Dinge zutage.

Die Mitglieder eines Erfolgsteams sehen Sie durchaus kritisch und doch mit anderen Augen als Arbeitskollegen, Freunde oder die Familie. Dadurch erhalten Sie ein differenzierteres Selbstbild, das Ihnen wertvolle Einsichten vermittelt.

Im Erfolgsteam können Sie auch sicher sein, daß das Feedback in annehmbarer Weise erfolgt. Die anderen Mitglieder haben Sie im Verlauf der Zusammenarbeit kennengelernt und sich eine Meinung gebildet. Sie können Ihnen handfeste Hinweise geben, die in der Regel weniger von Konkurrenzdenken oder Neid gefärbt sind als beispielsweise das Feedback von Kollegen.

Gute Fragen, mit denen Sie sich in Ihrem Erfolgsteam Feedback holen können, sind:

- *Welche Begriffe fallen dir ein, wenn du an mich denkst?*
- *Was empfindest du in meiner Gegenwart?*
- *Wie wirke ich heute auf dich im Vergleich zu Beginn unseres Erfolgsteams?*

Durch diese Fragen erhalten Sie Informationen, die mehr bringen als die Antworten auf Fragen nach möglichen Stärken und Schwächen. Sie erfordern eine andere Perspektive und geben dennoch Hinweise darauf, wo Ihre besonderen Fähigkeiten liegen und was andere in Ihnen erkennen.

Rückmeldungen zu geplanten Werbeaktionen, Prospekten, Pressemitteilungen etc.

Gerade Existenzgründer – von denen sehr viele in Erfolgsteams vertreten sind – haben regelmäßig das Problem, sich noch keine professionelle Unterstützung bei der Vorbereitung und Erstellung von Broschüren, Produktbeschreibungen und Briefaktionen leisten zu können. So basteln sie an ihrer Selbstdarstellung in der Hoffnung, daß das Ergebnis bei ihren Kunden auch ankommt und auf Interesse stößt.

Ihr Erfolgsteam bietet Ihnen die Möglichkeit, dieses Interesse zu testen. Dort sitzen potentielle Kunden, die Ihnen bereitwillig sagen, wie Ihre Broschüre oder Ihr Brief auf sie als mögliche Adressaten wirkt. Verstehen sie, was Sie ausdrücken wollten? Gefällt die Optik? Was ist mit dem Inhalt? Was läßt sich sprachlich verbessern?

Zu diesen und ähnlichen Fragen erhalten Sie die – zugegebenermaßen subjektive – Meinung Ihrer Teamkollegen. Das liefert Ihnen Anhaltspunkte für Ihr weiteres Vorgehen.

Rückmeldungen dieser Art müssen durchaus nicht auf die genannten Bereiche beschränkt sein. Es gibt in den Erfolgsteams zahlreiche Beispiele dafür, wie Feedback eingesetzt werden kann. Da ist zum Beispiel der Trainer, der ein neues Seminarkonzept entwickelt und es mit Hilfe des Erfolgsteams soweit voran bringen möchte, daß er es vermarkten und damit Geld verdienen kann. In einer Sitzung stellt er sein Grobkonzept vor und bittet um Rückmeldungen: „Würdest du dieses Seminar besuchen? Was spricht dich vom Inhalt her an? Was interessiert dich am meisten? Was schreckt dich ab?“ Durch dieses Vorgehen erhält er Anregungen für seine weitere Vorbereitung.

Ein anderes Beispiel stammt aus meiner Zeit in einem Erfolgsteam. Im Juli 1996 hielt ich in einer Buchhandlung einen Vortrag zum Thema *Leben Sie Ihr volles Potential?!* Bei einem gemischten Publikum ist es schwierig abzuschätzen, mit welchen Vorstellungen und Erwartungen die Zuhörer kommen. Daher bat ich meine Teamkollegen, mir zu sagen, welchen Vorstellungen sie bei einem Vortrag mit diesem Titel haben und welche Fragen beantwortet werden sollten. Ich erhielt viele hilfreiche – und auch einige verblüffende – Anregungen, auf die ich selber nicht gekommen wäre.

Anregungen für ein zukünftiges Verhalten

Dies ist ein ganz besonderer Bereich, der einige Überraschungen bereithält. Selten genug erfahren wir, was andere wirklich von uns denken; meistens unterdrücken wir unsere Gedanken und spontanen Assoziationen. Mit der folgenden Vorgehensweise können Sie nach einigen Monaten im Team zu möglicherweise neuen Erkenntnissen kommen. Die Rückmeldungen sind in diesem Fall von der Tagesform beeinflußt, sie haben eine andere Aussagekraft und sind entsprechend anders zu bewerten als die Antworten auf die vorher erwähnten Fragen.

Zu Beginn der Sitzung erhält jeder Teilnehmer für jedes weitere Mitglied im Team zwei kleine Karteikarten DIN A7. Auf die Karten werden jeweils der Name einer Person notiert sowie einer der beiden Satzanfänge:

- *Eine Empfehlung für deinen Erfolg: ...*
- *Ich wünsche mir, du würdest ...*

Im Verlauf der Sitzung ergänzen alle diese beiden Sätze. Am Ende der Sitzung tauschen Sie die Karten mit den anderen Teilnehmern aus die dann zusätzliche Hinweise zu den darauf enthaltenen Informationen geben können.

Wie erwähnt, ist dieses Feedback stark von der Tagesform abhängig. An manchen Tagen ist man aufmerksamer als an anderen und kann sehr konkrete Hinweise geben. Zu anderen Zeiten ist jeder mehr mit den eigenen Themen beschäftigt und daher weniger auf andere Menschen ausgerichtet. Das wirkt sich auch auf den Inhalt dieser Kärtchen aus. Dennoch ist es eine hilfreiche und auch vielfach überraschende Art, Feedback zu bekommen. Probieren Sie es einfach einmal aus.

Fähigkeiten und Fertigkeiten austauschen

Die Unterstützung, die Sie von Ihrem Erfolgsteam erbitten, kann auch ganz praktischer Natur sein. Die menschliche Vielfalt im Team bewirkt auch eine Vielfalt der Fähigkeiten und Fertigkeiten. Die Künstlerin ist mit der EDV-Expertin in einem Team, der Inhaber einer Werbeagentur mit der Steuerfachgehilfin, der Landschaftsarchitekt mit der Inhaberin eines Büroservice-Unternehmens – und dies sind nur einige Beispiele. Aus der Zusammensetzung des Teams ergeben sich konkrete Möglichkeiten der Unterstützung. Hier einige Beispiele:

- Fachliche Unterstützung bei der Vortragsvorbereitung für den ersten öffentlichen Auftritt,
- Hinweise für die steuerliche Handhabung bestimmter Sachverhalte,
- anwaltschaftliche Beratung bei einer Verkehrssache,
- Vorbereitung von Seminarunterlagen durch eine versierte Teilnehmerin auf dem PC – mit der neuesten Technik ausgestattet,
- Unterstützung bei der Erstellung einer Broschüre für das neue Trainings- und Seminarangebot,
- Übernahme der Buchhaltung für einen Freiberufler,
- Hilfe bei der Büroorganisation einer im Chaos versinkenden Einzelunternehmerin.

Die meisten Hilfestellungen bewegen sich in überschaubarem Rahmen und werden untereinander meist kostenlos geboten. Wenn es sich jedoch um einen umfangreicheren Service handelt, wird auch unter den Mitgliedern eines Erfolgsteams das gängige Honorar für diese Dienstleistung gezahlt. Das hat den Vorteil, daß hierdurch der Ausgleich von Geben und Nehmen gewährleistet bleibt. Niemand braucht ein schlechtes Gewissen zu haben, wenn er eine Leistung annimmt und zu diesem Zeitpunkt noch nicht weiß, ob er in der Lage ist, eine entsprechende Gegenleistung zu erbringen.

Die Handhabung dieser Art von Unterstützung sollte zu Beginn eines Erfolgsteams besprochen und generell vereinbart werden. Andernfalls können hier unterschiedliche Erwartungen entstehen, die unausgesprochen bleiben und zu Problemen führen. Wie unter Freunden sollte man ohne klare Absprachen keine Geschäfte machen. Andernfalls ist die Freundschaft – oder die vertrauensvolle Zusammenarbeit im Team – schnell hinüber.

Unterstützung bei einem Projekt

Eine weitere Möglichkeit ist die konkrete Hilfe bei einem Projekt. Die Amerikaner bezeichnen diese Art der Unterstützung mit dem nicht ins Deutsche übertragbaren Begriff Barnraising. Diese Wortschöpfung stammt aus der Pionierzeit, als die Menschen viele Dinge nicht alleine bewältigen konnten und sich daher bei größeren Projekten gegenseitig unterstützten. Der Begriff Barnraising bezieht sich auf folgende Begebenheit: Wenn ein Farmer eine neue Scheune errichten wollte, bat er beim Sonntagsgottesdienst alle Nachbarn um Mithilfe. Sie kamen dann am frühen Montagmorgen zusammen, packten tatkräftig an, und am Ende des Tages war die Scheune gebaut. Da alle Gemeindemitglieder irgendwann eine neue Scheune oder etwas anderes brauchten, halfen sie gerne mit. Sie wußten, daß die anderen auch ihnen zur Seite stehen würden.

Bezogen auf die Arbeit in einem Erfolgsteam könnte eine solche Unterstützung z.B. darin bestehen,

- beim Umzug zu helfen,
- ein größeres Mailing gemeinsam vorzubereiten,
- an einem neuen Seminar teilzunehmen, für das sich nicht genug Teilnehmer angemeldet haben.

„Erste Hilfe“ – wenn nichts mehr geht

Die letzte Form der Unterstützung, die Ihnen vorgestellt wird, ist der Notanker, den Sie bieten können, wenn jemand überhaupt nicht mehr weiterkommt. Vielleicht erinnern Sie sich an Situationen in Ihrem Leben, in denen Sie nicht mehr weiterwußten. Sie waren wie gelähmt und konnten keinen klaren Gedanken mehr fassen, so groß war Ihre Angst vor dem nächsten Schritt oder davor, überhaupt etwas zu tun.

Solche Situationen können immer wieder eintreten. Sie werden im wesentlichen durch einen der folgenden Auslöser hervorgerufen:

1. Sie stehen vor einer neuen und ungewohnten Situation, die Sie nicht einschätzen können. Sie haben noch keine Erfahrungen auf diesem Feld sammeln können und sind daher Ihren Phantasien von Fehlschlägen und Niederlagen ausgeliefert.
2. Sie müssen einen Schritt machen, der Ihnen unangenehm oder zuwider ist und der dennoch erforderlich ist, damit Sie Ihr Ziel erreichen. Hintergrund ist meist, daß Ihnen der Gedanke, Ihr Ziel tatsächlich zu erreichen, nicht recht geheuer ist. Je mehr Angst Sie vor den möglichen Konsequenzen haben, desto größer werden die inneren Widerstände.
3. Sie sind an einem Punkt gelangt, an dem es darum geht, ein höheres Risiko einzugehen oder mit dem, was Sie machen, „sichtbarer“ zu werden und sich aus der Masse hervorzuheben.

Was in solchen Fällen hilft, ist Unterstützung in Form von „Erster Hilfe“. Auf dem Weg zu einem wichtigen Ziel gelangt jeder an solch einen Punkt der Ohnmacht und der Lähmung.

Im medizinischen Sinn dient Erste Hilfe dazu, eine Person zu versorgen, die sich nicht mehr selbst zu helfen weiß oder sich selbst aufgegeben hat. Das kann auch im übertragenen Sinn geschehen: Es gibt Situationen, in denen man so von der Angst vor dem nächsten Schritt gelähmt ist, daß man versucht ist, alles bisher Erreichte über Bord zu werfen und das Ziel aufzugeben. Solch eine Entscheidung sollte niemals an einem seelischen Tiefpunkt getroffen werden, weil Sie da nicht mehr klar denken können.

Das ist vielmehr der Moment, in dem die Unterstützung durch das Team von entscheidender, geradezu lebensrettender Bedeutung ist. Sie dient der Rettung des Traums, des Zieles, das sich der Betreffende so sehr gewünscht hat. Es geht in diesem Augenblick darum, bei der Hand genommen zu werden und dadurch die Gewißheit zu erhalten, nicht alleine zu sein.

Hier einige Beispiele dafür, wie „Erste Hilfe" bei der Zielerreichung aussehen könnte:

- Sie verabreden sich mit jemandem, der Sie regelmäßig abholt und mit Ihnen zum Joggen geht, weil Sie sich wünschen, endlich den inneren Schweinehund zu überwinden und regelmäßig etwas für Ihre Gesundheit zu tun.
- Sie wollen ein Buch, Ihre Doktorarbeit oder eine andere wichtige Veröffentlichung schreiben und kommen nicht in die Gänge. In diesem Fall vereinbaren Sie mit jemandem aus Ihrem Team, daß Sie ihn jeden Morgen zu einem festgesetzten Zeitpunkt anrufen, ehe Sie sich an den PC setzen. Nach einem genau abgesprochenen Zeitraum melden Sie sich wieder und berichten, daß Sie in dieser Zeit mindestens einen Absatz geschrieben haben.
- Sie möchten seit Jahren Gesangsunterricht nehmen und schaffen es dennoch nicht, den entscheidenden Anruf bei einem Lehrer zu tätigen. Auch hier können Sie sich helfen lassen, indem ein Mitglied des Teams neben Ihnen sitzen bleibt, bis Sie zum Hörer gegriffen haben, oder darauf wartet, daß Sie zurückrufen, so-

bald Sie das Telefonat mit dem Gesangslehrer geführt haben.

Die Beispiele klingen in Ihren Ohren vielleicht etwas lächerlich. Möglicherweise liegen Ihre persönlichen Hindernisse und Widerstände woanders, so daß Sie auf dem Weg zu Ihrem persönlichen Ziel nicht so gut vorankommen, wie Sie es sich vorstellen und wünschen. Aus dem Blickwinkel von Außenstehenden betrachtet sind es oft eher unbedeutende Widerstände, die die Erreichung eines Ziels behindern und blockieren. Häufig läßt sich mit wenig Aufwand ein Durchbruch erzielen. Wer sich in dieser Situation Hilfe holt oder annimmt, schafft es leichter.

Ich fand mich vor einigen Monaten in solch einer Situation wieder. Mir war bewußt, daß ich es nur mit Hilfe einer anderen Person schaffen würde, ein altes Muster zu durchbrechen. Also rief ich eine Freundin an und traf mit ihr eine Abmachung, die mir dabei helfen sollte, anders zu handeln als in der Vergangenheit. Wir vereinbarten dabei sogar eine Strafe ein für den Fall, daß ich nicht einhalten würde, was ich mir vorgenommen und mir selbst versprochen hatte. Ich hatte bereits zahlreiche Anläufe unternommen, die gescheitert waren, und mußte deshalb zu einem stärkeren Mittel greifen. Es hat geholfen, denn ich wollte mir die Strafe, die mich empfindlich getroffen hätte, ersparen. Zugleich habe ich dadurch erneut erfahren, daß ich stärker bin als alle Widerstände, Gewohnheiten und Ängste. Es ist nur eine Frage des Einsatzes – und vielleicht auch des Preises.

8. Ein Netz für Höhen und Tiefen

Gisela R. ist Ärztin und hat sich 1994 selbständig gemacht. Sie bietet heute Seminare zur Gesundheitsvorsorge an, hält Vorträge und schreibt Bücher. Ihre dreifache Rolle als Karrierefrau, Ehefrau und Mutter hatte sie bereits äußerst diszipliniert werden lassen. Durch das Erfolgsteam hat sie jedoch noch weitere Facetten für sich entdeckt.

Hauptgrund für mein Interesse an einem Erfolgsteam war die pure Neugier. Erst wenn ich praktische Erfahrungen mit einer Sache gemacht habe und wirklich mitreden kann, bilde ich mir eine Meinung. Das Prinzip, von anderen herauszufinden, wie sie etwas machen, und es dann im eigenen Bereich umzusetzen erschien mir überlegenswert, und darüber wollte ich mehr erfahren.

Außerdem wollte ich andere Selbständige kennenlernen, die ebenfalls Kontakte suchten und daran interessiert waren, sich gegenseitig Hilfe und Unterstützung zu geben. Mit diesen Gedanken bin ich zur Einführungsveranstaltung gegangen – und in einem Erfolgsteam gelandet.

Ich habe gemerkt, daß ich im Team optimal arbeiten kann. Von den Teammitgliedern kann ich Ratschläge besser annehmen als von meinem Mann. Hierzu ein Beispiel: Ich war immer der Meinung, ich könne keine guten Vorträge halten. Als besonders störend empfand ich, daß sich in meine Ausführungen manchmal Versprecher einschleichen oder Denkpausen entstehen, weil ich zwischendrin überlegen muß. Mein Mann, der selber ein sehr guter Redner ist und auch Rhetorikseminare durchführt, meinte zwar, daß ich in meinem Auftreten sehr authentisch wirken würde und die Zuhörer solche Kleinigkeiten viel weniger registrieren würden als ich selber. Ich habe es ihm jedoch nicht geglaubt und dachte immer, er sagt es nur, um mich zu unterstützen und mir zu schmeicheln. Als ich live im Fernsehen auftreten sollte, sprach ich schließlich mit meinem Team über meine Angst, es nicht zu schaffen. Die anderen Teilnehmer waren der Meinung, daß meine Sorge unberechtigt sei und ich den Auftritt gut bewältigen würde. Und so war es dann auch. Die Bestätigung der anderen hat mir dabei viel Sicherheit gegeben.

Neben dieser Art Feedback, die ich mir regelmäßig hole, ist es vor allem die strukturierte Vorgehensweise, die mir sehr gut tut. Ich arbeite sehr diszipliniert und halte die Termine, die ich mir setze, auch ein. Durch das Erfolgsteam habe ich mein Vorgehen jedoch noch verfeinert. Gerade Themen, um die ich gerne einen Bogen mache, habe ich mir im Team vorgenommen und dadurch Anregungen erhalten, an die ich selber nicht gedacht hatte.

Die Zielsetzung und die Termine im Team habe ich nicht als negativen Druck gesehen. Wenn ich wußte, daß ich etwas nicht geschafft habe, hatte ich nie ein schlechtes Gewissen, weil es dann andere Prioritäten gab, die mir wichtiger waren. Es wäre übertrieben, immer darauf zu bestehen, daß nur das erledigt wird, was man sich vorgenommen hat. Das ist schließlich nicht die Intention eines Erfolgsteams.

Bis zu meinem Eintritt in ein Erfolgsteam war ich der Überzeugung, daß mich nur Menschen aus der gleichen Branche unterstützen könnten. Diese Meinung habe ich schnell geändert. Ich halte inzwischen die heterogene Zusammensetzung in den Teams für sehr förderlich, sogar für eine wesentliche Voraussetzung. Im Team erhalte ich interessante Lösungsvorschläge aus ungewohnten Perspektiven. Wenn noch weitere Teammitglieder aus meinem Bereich wären, dann kämen wir uns sicher schnell ins Gehege, weil jeder in seinem Feld ganz bestimmte Vorstellungen davon hätte, wie etwas zu machen ist. In heterogenen Teams sehen die Teilnehmer die Dinge aus einem anderen Blickwinkel und bringen dadurch neue Ideen ein.

Für mich ist das Team ein Social Event. Dort treffen wir uns regelmäßig, und wir wissen, jeder ist draußen ein Einzelkämfer. Wir alle erleben Rückschläge und Erfolge, doch im Team erleben wir sie gemeinsam, und das tut einfach gut. In den Sitzungen kann ich eine Menge Frust loswerden und erlebe dann die Unterstützung der anderen, die solche Situationen ebenfalls kennen. Wir alle wissen, daß wir aus einem Tief wieder herauskommen. Wenn ich allerdings mittendrin bin in einer solchen Situation, und die Geschäfte nicht so laufen, wie ich mir das wünsche, dann fällt es schon schwer, daran zu glauben, daß es bald wieder aufwärtsgeht. Da helfen mir dann die anderen und muntern mich wieder auf.

Gerade für Selbständige und Existenzgründer ist ein Erfolgsteam ideal. Wer sich selbständig macht, muß lernen, mit Unsicherheit umzugehen und Entscheidungen zu treffen, die sich häufig nicht so umsetzen lassen, wie man sich das gedacht hatte. Wenn etwas schiefgeht, habe ich zwar etwas dazugelernt, aber es hat Zeit und Geld gekostet. Im Team erkenne ich dann, daß es anderen ähnlich geht und sie auch Fehler machen.

Durch das Erfolgsteam habe ich Geduld und Toleranz gelernt. Denn manchmal kommen Vorschläge, bei denen ich merke, daß die anderen auf meinem Gebiet wenig Erfahrung haben. Das muß ich hinnehmen. Dadurch habe ich gelernt, anderen Meinungen gegenüber toleranter zu sein und zu akzeptieren, daß andere an einem anderen Punkt ihrer Entwicklung sind. Dennoch bringen auch diese Menschen interessante Aspekte ein, die unabhängig sind von ihrer Ausbildung oder ihrem Beruf.

Das Klima in unserem Team ist sehr positiv und von gegenseitigem Respekt geprägt. Alle haben inzwischen Erfolge erzielt, die uns zum Weitermachen motivieren. Dabei gab es am Anfang durchaus Schwierigkeiten, die wir bewältigen mußten. Da habe ich schon manchmal darüber nachgedacht, ob sich der zeitliche Aufwand lohnt.

In solch einer Phase sollte man der Gruppe auf jeden Fall eine Chance geben. Meiner Meinung nach dauert es ein bis eineinhalb Jahre, ehe jeder einen deutlichen Schritt gemacht hat. Das wird in der Anfangseuphorie unterschätzt. Im Grunde ist das halbe Jahr, für das am Anfang das Commitment gilt, viel zu kurz.

Sehr wichtig ist für mich auch das fehlende Konkurrenzdenken in unserem Team und das Gefühl der Zusammengehörigkeit. Wir alle erleben Höhen und Tiefen und stehen sie gemeinsam durch. Ich habe das Erfolgsteam auch schon als „mein Netzwerk" bezeichnet. Ich halte es für wichtig, daß ich mitverfolgen darf, wie es den anderen geht. Mal gut, mal schlecht – genau wie mir selber. Das ist ein Trost, den ich manchmal brauche.

Grundsätzlich ist es jedoch wichtig, daß man nicht zuviel von seinem Team erwartet. Ich kann dort Hilfestellungen für die eigenen Probleme erhalten, lösen muß ich sie allerdings selber. Das kann mir niemand abnehmen. Wenn ich dringend eine Lösung suche und erlebe, daß mir das Team keine passende bringt, sehe ich darin die Aufforderung, allein weiterzumachen und meine eigene Lösung zu finden. Die anderen unterstützen mich insofern, als ich erkenne, daß auch sie Schwierigkeiten gemeistert haben; also werde ich es ebenfalls packen.

Von einer Mitgliedschaft in einem Erfolgsteam haben alle etwas, die ein Ziel vor Augen haben und sich vorstellen können, es mit Hilfe einer Gruppe Gleichgesinnter zu erreichen. Erforderlich ist dafür die Bereitschaft, auch ganz andere Meinungen zu hören und zu sehen, welche – vielleicht auch abweichenden – Ideen andere haben.

Wichtig ist auch, daß man sich im Team darauf verlassen kann, daß die Dinge, die dort gesagt werden, nicht weitergetragen werden. Egal wie unbedeutend die Information erscheinen mag, ich muß sicher sein, daß nicht darüber geredet wird. Vertraulichkeit ist eine absolute Grundvoraussetzung für eine gute Zusammenarbeit. Erst durch die Vertraulichkeit entsteht die Offenheit, die eine erfolgreiche Zusammenarbeit im Erfolgsteam ermöglicht.

III.

Der Teilnehmerkreis

Ihrer Definition nach kommen Erfolgsteams für alle Personen in Frage, die daran interessiert sind, ihre Ziele mit der Unterstützung anderer zu erreichen. Dieser Wunsch beschränkt sich nicht auf bestimmte Personen- oder Berufsgruppen, denn jeder Mensch gelangt irgendwann an einen Punkt, an dem er ein bestimmtes Ziel erreichen möchte.

In diesem Kapitel liegt der Schwerpunkt auf vier Personengruppen. Die Vorteile – und auch die möglichen Nachteile – werden dargestellt. Die vier Gruppen im Überblick:

- *Freiberufler, Selbständige und Existenzgründer*
  Sie profitieren von der Entwicklung vom Einzelkämpfer zum Teammitglied.
- *Geschäftsführer oder Inhaber kleiner Unternehmen*
  Sie erhalten Anregungen und haben die Möglichkeit zum Gedankenaustausch.
- *Angestellte*
  Sie finden Unterstützung auf der Suche nach neuen Herausforderungen oder beruflicher Veränderung.
- *Arbeitsuchende*
  Sie erleben Unterstützung bei der Neuorientierung und der Suche nach einem neuen Arbeitsplatz.

Das Konzept der Erfolgsteams spricht erfahrungsgemäß bestimmte Personenkreise stärker an als andere. Dies läßt sich anhand einer Statistik der bisherigen Teams verdeutlichen. Beim Einstieg in ein Team waren von den Teilnehmern:

- 56 Prozent selbständig oder freiberuflich tätig,
- 12 Prozent Geschäftsführer oder Inhaber einer Firma mit mindestens einem weiteren Mitarbeiter,
- 24 Prozent angestellt,
- 2 Prozent Beamte und
- 6 Prozent der Teilnehmer arbeitslos.

Nach sechs Monaten im Team hatten sich diese Zahlen etwas verändert, vor allem deshalb, weil die Arbeitsuchenden sich inzwischen zu einer der anderen Gruppen gesellt haben und eine der Angestellten den Schritt in die Selbständigkeit gewagt hat. Danach sehen die Zahlen, aufgeteilt auf zwei Hauptgruppen, wie folgt aus:

- 76 Prozent sind Freiberufler und Selbständige (einschließlich der Geschäftsführer und Inhaber von Firmen).
- 24 Prozent sind Angestellte oder Beamte.

Im weiteren geht es um die einzelnen Gruppen und die Gründe, warum es für diese Menschen von Interesse sein kann, an einem Erfolgsteam teilzunehmen.

1. Selbständige und Existenzgründer

Vom Einzelkämpfer zum Teammitglied

Aus dieser Gruppe stammt die größte Zahl der gegenwärtigen Mitglieder. Und das nicht ohne Grund. Eine Teilnehmerin erklärt diesen zunächst vielleicht erstaunlich erscheinenden Umstand folgendermaßen:
„Seit Beginn meiner Selbständigkeit habe ich alleine gearbeitet. Da fehlt mir der Partner für bestimmte Gespräche und Überlegungen. Ich habe zwar einen Mann, mit dem ich Probleme jederzeit besprechen kann. Seit ich im Erfolgsteam bin, habe ich allerdings erkannt, daß es trotzdem mehr bringt, wenn man andere Selbständige trifft. In meinem Team haben alle ähnliche Probleme wie ich. Ihre Anregungen und ihr Feedback kann ich leichter annehmen, weil ich weiß, daß sie objektiver sind als mein Partner."

In diesen Äußerungen sind einige wesentliche Punkte enthalten, die klarmachen, was Freiberufler und Selbständige in einem Team finden: Dort treffen auch Sie kompetente Ansprechpartner, die aufgrund ihrer eigenen Situation und ihrer Erfahrungen nachvollziehen können, wovon Sie sprechen.

Zugleich sehen Außenstehende Sie anders als Ihr Partner und können Ihnen daher andere Ansätze aufzeigen. Sie trauen Ihnen auch etwas zu, was Ihr Partner Ihnen möglicherweise nicht zutraut.

Wie Sie aus der Statistik am Anfang des Kapitels entnehmen konnten, sind die meisten Selbständigen in den Erfolgsteams „Einzelkämpfer". Dadurch haben sie wenig Unterstützung und Ansprache bei ihrer täglichen Arbeit. Mit der Zeit schmort man da leicht im eigenen Saft. Es fehlt der Austausch mit anderen Menschen, besonders solchen, die eine ganz andere Sichtweise haben.

Im Gegensatz zu Angestellten müssen Sie als Einzelkämpfer alles, was an freudigen oder auch „leidigen“ Angelegenheiten auf Sie zukommt, selbst erledigen und alleine auffangen. Das kann der Anruf eines Kunden sein, der seinen Frust an Ihnen ausläßt. Oder das nagende Gefühl im Bauch, das Ihnen signalisiert, mit jemandem doch lieber nicht zusammenzuarbeiten, obwohl Sie sich dafür entschieden hatten. Oder die Bitte eines Kunden, ihm ein Angebot für einen Bereich zu unterbreiten, in dem Sie bislang noch nicht tätig waren. Und schließlich möchten Sie auch den Abschluß eines neuen Auftrags feiern, auf den Sie gehofft, den Sie aber nicht recht erwartet hatten. In all diesen Fällen ist es hilfreich, auf offene Ohren und konstruktive Anregungen zu stoßen. Auch wenn die nächste Teamsitzung vielleicht erst in zehn Tagen ansteht, wissen Sie doch, daß Sie auch in diesem Moment zum Hörer greifen und ein Teammitglied anrufen können.

Existenzgründer

Besonders empfehlenswert sind Erfolgsteams für diejenigen, die noch am Anfang ihrer Selbständigkeit stehen oder sie erst planen. Dieser Personenkreis hat am meisten davon, sich regelmäßig mit anderen auszutauschen und Unterstützung bei der Planung und Gestaltung der selbständigen Tätigkeit zu erhalten.

Doch auch für „Fortgeschrittene“ bringt die Zugehörigkeit Vorteile. Das bestätigen die „alten Hasen“ in den bestehenden Teams. Sie sehen hier die Möglichkeit, ihr Verhalten zu reflektieren und sich mit neuen, frischen Sichtweisen zu beschäftigen. Dadurch ergeben sich Ansätze für eine Kurskorrektur oder auch für eine Neuorientierung. Ob Sie dies möchten, hängt natürlich auch von Ihren Erwartungen ab und von der Zielrichtung, mit der Sie in ein Erfolgsteam einsteigen.

Wer sich aus Überzeugung selbständig macht oder diesen Schritt in Erwägung zieht, bringt eine positive Grundhaltung mit. Andernfalls würden diese Menschen aus einem Sicherheitsbedürfnis heraus im Angestelltenverhältnis bleiben. Wenn Sie mit dem Gedanken an Selbständigkeit spielen, weil es schon lange Ihr Wunsch ist, glauben Sie daran, daß Sie Erfolg haben werden. Dann sind Sie auch bereit, eine Zeitlang mit weniger auszukommen und bescheidener zu leben, weil Sie dafür das machen können, von dem Sie überzeugt sind.

In dieser Phase ist die Unterstützung durch ein Team eine sehr wertvolle Hilfe. In aller Regel erfahren Sie in der Übergangszeit von einer angestellten in eine selbständige Tätigkeit wenig Unterstützung von Ihrer Umgebung. Die meisten Menschen, mit denen Sie sprechen, werden Sie immer wieder auf die Risiken hinweisen, die mit einem solchen Schritt verbunden sind – und das in der gegenwärtigen wirtschaftlichen Situation, wo doch jeder froh sein kann, wenn er einen sicheren Arbeitsplatz hat.

Jeder, der sich vor Ihnen auf neues Terrain begeben hat, kennt diese Warnungen. Sie sind auch verständlich, denn dahinter steckt die Angst derjenigen, die sie äußern. Vielleicht haben auch diese Menschen den Wunsch nach Veränderung, weil ihnen das Verhalten ihres Vorgesetzten oder einiger Kollegen schon lange gegen den Strich geht. Doch das Sicherheitsbedürfnis überwiegt, oder es fehlt ihnen eine klare Vorstellung davon, was sie statt dessen ausprobieren könnten. Und da wagt es tatsächlich jemand in ihrem Umfeld, alles aufzugeben und etwas Neues anzupacken. Das kann man nicht einfach unkommentiert stehenlassen.

In dieser Phase ist es also sehr wichtig, sich positive Bestärkung und konstruktive Unterstützung zu holen. Ihre eigenen Bedenken sind groß genug, da brauchen Sie nicht auch noch kritische Anmerkungen derjenigen, die damit lediglich ihre persönlichen Bedenken artikulieren. Sie haben die Konsequenzen aus einer für Sie unbefriedigenden Situation gezogen, weil Sie Ihr Selbstwertgefühl und in gewissem Maße auch Ihr Rückgrat bewahren und Ihre eigenen Ideen umsetzen möchten.

Wie bereits im Kapitel „Positive Zusatzeffekte“ angesprochen, ist es für Einzelkämpfer ein zusätzlicher Vorteil, in einem Erfolgsteam an ihrer Teamfähigkeit arbeiten zu können. Sei es dadurch, daß sie die bestehenden Fähigkeiten erhalten und festigen, oder dadurch, daß sie sich diese während ihrer Teamzugehörigkeit erwerben, wenn sie bis dahin keine Möglichkeit hatten, in einem Team zu arbeiten.

2. Geschäftsführer oder Inhaber kleiner Unternehmen

Austausch und Anregungen

Auch wenn dies nicht der allgemeinen Praxis entspricht, werden „Unternehmer“ hier als Selbständige definiert, die mindestens eine weitere Person beschäftigen. Nach oben sind dabei keine Grenzen gesetzt. In den bestehenden Teams sind derzeit allerdings nur Inhaber von Unternehmen mit bis zu zehn Mitarbeitern vertreten. Einige davon hegen durchaus Expansionswünsche, die sie mit der Unterstützung ihres Erfolgsteams verwirklichen wollen.

Welchen Vorteil bringt nun die Teilnahme für diesen Personenkreis? Wer die Verantwortung für die Geschäftsleitung eines Unternehmens übernommen hat, stellt bald fest, daß er oder sie sich mit sehr vielen Themen zu befassen hat, die über die tägliche Arbeit hinausgehen. Es sind Investitionsentscheidungen zu treffen, neues Personal muß gesucht und eingearbeitet werden, und die vorhandenen Mitarbeiter sind zu motivieren. Dies sind Themen, die bisher nicht zum beruflichen Alltag gehörten und deshalb Geschäftsführer häufig unvorbereitet treffen. Mit wem sollen sie darüber sprechen? Wer kann ihnen Unterstützung geben? Die eigenen Mitarbeiter sind dafür nicht die richtigen Gesprächspartner, denn sie erwarten von ihrem Chef, daß er alles weiß und kann. Der Partner ist auch nicht immer kompetent, und die Freunde haben oft andere Probleme. Da bleibt nicht viel Auswahl, und letztlich müssen die Entscheidungen alleine getroffen werden. Das erzeugt einen großen Druck, der sich durch die Teilnahme an einem Erfolgsteam vermindern läßt.

Dies ist besonders dann der Fall, wenn im Team noch weitere Geschäftsführer oder Firmeninhaber vertreten sind. Dann kommt es zu einem fruchtbaren Austausch und wertvollen Anregungen.

Doch selbst wenn es außer dem Geschäftsführer in einem Team „nur" Selbständige ohne Personalverantwortung gibt, ist ein Team nützlich. Das bestätigt auch ein Geschäftsführer einer kleinen GmbH:

„Ich stelle immer wieder fest, daß es gut ist, dieses Forum zu haben. Wenn ich sehr viel zu tun hatte, dann habe ich zwar manches Mal gedacht: ‚Und heute auch noch das Erfolgsteam!' Ich konnte jedoch immer wieder feststellen, daß es guttut, Menschen zu haben, die mir in einem begrenzten zeitlichen Rahmen zuhören und versuchen, konstruktive Lösungen vorzuschlagen. Ich empfinde es als sehr angenehm, zu wissen, daß es andere gibt, die sich für meine Probleme interessieren. So stehe ich nicht ganz alleine da."

Sicherlich sind homogene Gruppen, die sich ausschließlich aus Geschäftsführern und Inhabern kleiner Unternehmen zusammensetzen, dafür noch idealer. Denn dann ist von vornherein klar, welche Themen im Mittelpunkt stehen. Wenn Menschen in eine Führungsaufgabe hineinwachsen, bringen sie selten die nötige Erfahrung mit, die von ihnen erwartet wird. Zugleich stellen sie bald fest, daß sie über diese Themen kaum mit anderen sprechen können. In größeren Unternehmen gibt es meist ein Gremium, in dem grundsätzliche Fragen besprochen und Lösungen entwickelt werden können. Der alleinige Inhaber eines Unternehmens hat diese Gesprächspartner nicht und ist daher mit seinen Problemen allein. Da können aus Kleinigkeiten schier unüberwindbare Hindernisse entstehen, die im Austausch mit anderen schnell wieder auf Normalmaß schrumpfen und den ihnen gebührenden Stellenwert einnehmen.

Neben dem Austausch über spezifische Probleme und den Anregungen dazu ist das Erfolgsteam auch für diesen Personenkreis ein gutes Forum, sich auf die eigenen Ziele zu besinnen und „am Ball zu bleiben". Wie oft verliert man im Alltag das eigene Ziel aus den Augen und wundert sich dann, daß die Entwicklung nicht so vorangeht, wie man es sich vorgestellt hat. Zuviel Zeit und Energie gehen damit verloren, sich um „Kleinkram" zu kümmern und wichtige Angelegenheiten immer wieder zu verschieben. Durch die Arbeit im Team und die regelmäßigen Treffen bleibt das anfangs formulierte Ziel auch in der Hektik des Alltags präsent. Im Austausch mit anderen kehren Sie immer wieder auf den Kern dessen zurück, was Sie sich vorgenommen haben. Sie bewegen sich dadurch vorwärts, denn in gewissem Maße sind Sie gezwungen, von Sitzung zu Sitzung wirklich etwas zu unternehmen.

3. Angestellte

Suche nach neuen Herausforderungen oder beruflichen Veränderungen

Die zweite große Gruppe unter den Teilnehmern ist die der Angestellten. Sie entscheiden sich meistens dann für ein Erfolgsteam, wenn sie an einen Punkt gelangen, an dem sie beruflich nicht recht weiterkommen oder sogar mit deutlichen Schwierigkeiten konfrontiert sind, die sie allein nicht lösen können. Im Team finden sie Unterstützung und Motivation für neue Wege und Alternativen zu ihrer bisherigen Tätigkeit. Eine Teilnehmerin formuliert das so:

„Zu Beginn des Erfolgsteams war ich in einer schwierigen beruflichen Situation, die eine Veränderung notwendig machte. Da war es ganz wichtig, nicht allein zu sein, sondern die Situation mit anderen bearbeiten zu können.

Bis zu diesem Zeitpunkt war es für mich nie erforderlich gewesen, mir Ziele zu setzen oder mich sonst mit diesem Thema zu beschäftigen. Das hat sich durch die Arbeit im Team verändert. Ich habe zum einen die Problematik der anderen kennengelernt und konnte daher meine eigene Situation relativieren. Zum anderen habe ich erkannt, welche fachliche Kompetenz ich im Laufe meiner Berufstätigkeit gewonnen habe, was mir bis dahin nicht so bewußt war.“

Wer als Angestellter fest in eine Struktur eingebunden ist, kann sich meist nicht vorstellen, welche Unterstützung oder Hilfe die Teilnahme an einem Erfolgsteam bedeuten kann.

Dabei gibt es auch für diese Menschen viele Vorteile, wenn sie sich bewußt sind, daß wir in einer Zeit großer Veränderung leben. Da kann es sehr schnell geschehen, daß die vermeintliche Sicherheit einer Anstellung verlorengeht oder zumindest auf dem Spiel steht. Wer dann den Kopf nicht in den Sand steckt, sondern sein Leben aktiv in die Hand nimmt, wird auch in Zukunft die Oberhand behalten. Diese Erkenntnis spricht sich langsam herum und führt dazu, daß mehr und mehr Menschen bereit sind, von sich aus Schritte einzuleiten. Sie wollen ihr Leben selbst gestalten und sind nicht mehr bereit, sich auf Gedeih und Verderb einem einzigen Arbeitgeber auszuliefern.

Im Einführungsteil wurden die verschiedenen Lebensphasen angesprochen. Gerade in der Zeit zwischen etwa 35 und 50 Jahren entscheiden sich mehr und mehr Menschen dafür, Abschied zu nehmen von den Werten ihrer Jugend. Sie besinnen sich wieder auf frühere Wünsche und Träume. Für manche ist dies verbunden mit der Suche nach neuen Herausforderungen. Für andere mündet es darin, die gegenwärtige berufliche Situation zu hinterfragen und sich vollkommen neu zu orientieren. Ein Auslöser sind häufig Krankheiten oder Veränderungen im beruflichen Umfeld.

Bei einem Teilnehmer waren es die ständig steigenden zeitlichen Anforderungen an die Mitarbeiter seines Unternehmens, die ihn dazu veranlaßten, die eigenen Ansprüche an seinen Arbeitsplatz und das Betriebsklima zu überprüfen und sich nach einer neuen Tätigkeit umzusehen. Das war am Anfang nicht so einfach, da er nicht genau wußte, was er eigentlich suchte. Also verwendete er die ersten Monate seiner Mitgliedschaft im Erfolgsteam dafür, herauszufinden, wo seine Stärken liegen und wie er sein Wissen am besten einsetzen könnte. Als nächstes überlegte er, welche Arbeitsbereiche ihm am meisten Spaß machen. So entwickelte er eine Reihe von Alternativen, auf die er sich in seiner aktiven Suche nach einem neuen Arbeitgeber konzentrierte. Es gelang ihm in den sechs Monaten seiner Mitgliedschaft im Team, einen Arbeitsplatz zu finden, der ihm zusagt und an dem er sich wohl fühlt.

Andere Angestellte bereiten sich mit Unterstützung durch das Team auf eine selbständige oder freiberufliche Tätigkeit vor. Sie verwenden die Struktur, die das Erfolgsteam bietet, um konsequent an ihrer Idee zu arbeiten, sie zu verfeinern und umzusetzen. Da die Teams heterogen sind und dort Menschen aus verschiedenen Bereichen vertreten sind, können sie die Erfahrungen derer für sich nutzen, die den Weg in die Selbständigkeit bereits vor ihnen gegangen sind.

Doch es geht nicht immer um ganz große Veränderungen. Es kann auch ein Ziel sein, das eigene Selbstbewußtsein zu stärken und zu lernen, sich besser durchzusetzen. Eine Veränderung der inneren Haltung hat unmittelbaren Einfluß auf das, was Sie von außen erleben. Sie kennen das Sprichwort *„Wie man in den Wald hineinruft, so schallt es heraus.“* So ist es auch mit Ihrem Auftreten. Wenn Sie selbstbewußt und stark agieren, werden Sie auch entsprechend behandelt. Es ist ein zutiefst menschlicher Instinkt, gegen diejenigen vorzugehen, die schwach und hilflos erscheinen. Meist wird man von der guten Erziehung davon abgehalten, diesen Instinkt auch auszuleben. Die angespannte wirtschaftliche Lage hat allerdings dazu geführt, daß diese Zurückhaltung nicht mehr generell vorausgesetzt und erwartet werden kann. Aus diesem Grund häufen sich auch die Fälle von Mobbing und andere unsauberen Methoden. Wenn Sie selbstsicher auftreten und sowohl Ihren Wert als auch Ihre Werte kennen, vermindern Sie deutlich die Gefahr, solchen Methoden ausgesetzt zu sein. Ein gestärktes Selbstbewußtsein führt dazu, daß Sie sich in Ihrem Umfeld und in Ihrer Arbeit wohler fühlen. Sie treten sicherer auf, weil Ihre Anspannung nachläßt und Sie Ihre Umgebung als weniger belastend empfinden. Sie handeln dann aus einer Position der Stärke heraus. Dadurch sind Sie allerdings nicht gegen Angriffe gefeit. Starke Menschen erleben persönliche Anfeindungen von denen, die Veränderungen bei anderen mit Neid und Mißtrauen verfolgen. Doch durch Ihre geänderte

Einstellung treffen Sie diese Angriffe nicht mehr persönlich.

Im Team erleben Sie die Ermutigung der anderen und die Bestärkung, auf dem eingeschlagenen Weg weiterzugehen. Hier können Sie sich ausweinen, wenn die Dinge (noch) nicht so laufen, wie Sie es sich wünschen. Sie können wichtige Situationen im Rollenspiel ausprobieren und mehr über Ihre Stärken lernen. Das alles ist eine hervorragende Basis für mehr Zufriedenheit im Beruf. Und wer wünscht sich das nicht? Zufriedenheit kommt jedoch nicht von außen, wird nicht auf dem Silbertablett serviert. Dafür müssen Sie selber etwas tun. Das Erfolgsteam bietet Ihnen eine Begleitung für diesen Entwicklungs- und Veränderungsprozeß. Zugegeben, der Weg ist nicht einfach. Doch viele haben ihn bereits beschritten und dadurch bewiesen, daß es möglich ist.

Mittleres Management

Eine Sondergruppe bei den Angestellten sind die Angehörigen des mittleren Managements. Für sie gelten ähnliche Aspekte wie für die Inhaber kleiner Unternehmen. Sie haben die Verantwortung für die ihnen unterstellten Mitarbeiter und doch wenige Möglichkeiten, sich mit anderen Menschen über spezielle Fragen und mögliche Vorgehensweisen auszutauschen. Sie befinden sich in einer Zangenposition zwischen den Mitarbeitern und der oberen Führungsebene. Mit den eigenen Mitarbeitern können sie viele Themen nicht besprechen, und an die Vorgesetzten wollen sie diese Probleme auch nicht gerne herantragen. Denn schließlich geben sie sich damit möglicherweise eine Blöße, die ihnen vielleicht irgendwann schadet. Deshalb ist auch der Austausch mit den Kollegen keine Lösung, denn da spielen Konkurrenzgedanken eine große Rolle. Welcher Mensch in einer Führungsposition – dies gilt in stärkerem Maße für Männer als für Frauen – gibt schon gerne zu, etwas nicht zu wissen oder zu können? Dadurch begibt man sich schnell in eine unterlegene Position.

In einem Erfolgsteam müssen Sie Ihr Gesicht nicht wahren und haben daher die Möglichkeit, offen anzusprechen, was Sie beschäftigt, und sich von anderen Feedback und Anregungen zu holen. Bereits die Möglichkeit zum Gespräch kann ein hilfreiches Ventil sein, das Sie davor bewahrt, auszubrennen und durch den ständigen Druck krank zu werden.

4. Arbeitsuchende

Unterstützung bei der Neuorientierung und der Arbeitsplatzsuche

Arbeitsuchende können im Erfolgsteam Unterstützung dabei finden, einen neuen Arbeitsplatz zu suchen oder in anderer Weise einen Weg aus der Arbeitslosigkeit zu finden.

Eine Teilnehmerin hat sich im Laufe ihrer Zugehörigkeit zu einem Team dazu entschlossen, den Schritt in die Selbständigkeit zu wagen. Dabei wurde sie durch das Beispiel anderer selbständiger Frauen ermutigt und bestärkt, das Wagnis einzugehen.

Auch ein anderer Teilnehmer hat für sich erkannt, daß es aufgrund seines fortgeschrittenen Alters für ihn erfolgversprechender ist, in einer selbständigen Tätigkeit als Dozent Fuß zu fassen, als nochmals in einem Unternehmen unterzukommen.

Der Austausch im Team hat ihm neue Möglichkeiten aufgezeigt, wie er seine Fähigkeiten einsetzen und damit den Lebensunterhalt für sich und seine Familie sichern kann. In seinem Erfolgsteam erfährt er Bestärkung und erhält Tips, wie er sich noch fehlende Qualifikationen aneignen kann. Diese Hinweise reichen von Buchempfehlungen über Erfahrungen im Einsatz von Moderationstechniken im Unterricht bis zur praktischen Hilfestellung bei der Gestaltung von Unterrichtsmaterialien auf dem Computer.

Einige der arbeitslosen Teilnehmer hatten vor ihrem Eintritt in ein Erfolgsteam eine Fortbildungsmaßnahme besucht oder eine Umschulung gemacht. Am Ende der Maßnahme haben sie erkennen müssen, daß sie angesichts der momentan in Deutschland herrschenden Wirtschaftslage ohne eine weitergehende Unterstützung nur mit großen Schwierigkeiten einen neuen Arbeitsplatz finden werden.

In einem Team lernen sie, daß sie mit ihren Schwierigkeiten nicht alleine sind. Sie erkennen auch, daß sie als Arbeitslose keine minderwertigen Mitglieder der Gesellschaft sind, sondern etwas beizutragen haben. Ihre Anregungen, Erfahrungen und Kenntnisse im Umgang mit schwierigen Lebenssituationen bringen sie im Team ein. Davon profitieren andere, und sie selbst stärken ihr Selbstwertgefühl. Dies ist ein nicht zu unterschätzender, zusätzlicher Aspekt für diese Gruppe.

Auffällig ist, daß fast alle Arbeitsuchenden, die an einem Erfolgsteam teilgenommen haben, den Schritt in die Selbständigkeit planen oder ihn gewagt haben. Die Suche nach einer Festanstellung haben sie fallengelassen. Dies entspricht Forschungsergebnissen aus den USA, die gezeigt haben, daß sich mit steigendem Selbstvertrauen der Wunsch verstärkt, die eigenen Fähigkeiten in einer selbständigen Tätigkeit zum Ausdruck zu bringen.[1]

---

[1] Barbara J. Winter: Making a Living Without a Job, Bantam Books, 1993, S. 22.

Teams aus Arbeitsuchenden

Eine bislang nicht in der Praxis erprobte Idee sind Erfolgsteams, die ausschließlich aus Arbeitslosen bestehen. Für sie empfehlen sich wöchentliche Treffen, weil die Suche nach einem Arbeitsplatz eine Vollzeitbeschäftigung ist, bei der eine wöchentliche Unterstützung hilfreich ist. Im Verlauf der Arbeitsplatzsuche kommt es immer wieder zu Frustrationen und Einbrüchen, wenn wieder einmal eine Bewerbungsaktion fehlgeschlagen ist und die Unterlagen zurückkommen. Diese Fehlschläge können in einem Team aufgefangen werden – denn nicht jedem Teilnehmer geht es zu jedem Zeitpunkt gleich. Der, dem es besser geht, kann die anderen ermuntern und ermutigen.

Gemeinsam lassen sich auch neue Wege erarbeiten, ausprobieren und Erfahrungen vergleichen. *Was hat bei mir funktioniert? Womit bin ich gut gefahren? Welche Erfahrungen habe ich gemacht?* Sie können Informationen über Quellen, Kontaktadressen und Ansprechpartner in Unternehmen austauschen. In Rollenspielen testen sie besondere Vorgehensweisen und üben schwierige Gesprächssituationen ein, z.B. Bewerbungsgespräche oder Telefonate, in denen es darum geht, einen bestimmten Ansprechpartner ausfindig zu machen. Dies vermittelt ein Gefühl der Sicherheit für die konkrete Situation.

Die Teilnehmer können sich in einem Team gegenseitig herausfordern, weitere, auch neue Schritte zu unternehmen. Jeder Schritt in eine neue Richtung erweitert das Spektrum der bekannten Handlungsweisen und fördert dadurch das Selbstvertrauen.

Durch die Betonung der Aspekte Unterstützung und positives Denken in den Erfolgsteams fühlt sich der einzelne als Mensch mit besonderen Fähigkeiten, Stärken und Eigenheiten besser wahrgenommen und geachtet. Dadurch steigt das Vertrauen in die eigenen Fähigkeiten und das Bewußtsein, auch mit schwierigen Situationen umgehen zu können. Dies wiederum hat eine motivierende und stimulierende Wirkung und erhöht im Laufe der Zeit die eigene Risikobereitschaft.

Zur Idee, homogene Teams von Arbeitsuchenden zu bilden, bemerkte ein Betroffener:

„Ich bin mir nicht sicher, ob eine homogene Gruppe aus Arbeitslosen wirklich hilfreich ist. Es gibt bereits spontan gebildete Gruppen. Anders als im Erfolgsteam fehlt diesen allerdings eine feste Struktur, und deshalb bringen sie wenig. Sie haben auch keinen festgelegten zeitlichen Rahmen. Statt nach Lösungen zu suchen, werden dort die Probleme zerredet. Der vorgegebene Rahmen und die feste Struktur der Erfolgsteams sind die entscheidenden Kriterien, die diese Teams von allen anderen, die ich kenne, abheben."

In homogenen Gruppen kann auch die Gefahr der Konkurrenz ein Problem sein. Schließlich haben alle ein vergleichbares Ziel, das darin besteht, den Weg aus der Arbeitslosigkeit zurück in eine Anstellung und an einen festen Arbeitsplatz zu finden. Es kommt dann leicht zu Streitigkeiten über das vermeintlich richtige Vorgehen. Oder dazu, daß sich alle im Negativen verstärken, anstatt gemeinsam nach neuen Wegen zu suchen.

Für Teams aus Arbeitsuchenden erscheint daher eine professionelle Begleitung unabdingbar, beispielsweise durch einen erfahrenen Coach. Mit seiner oder ihrer Unterstützung werden Hindernisse bearbeitet und überwunden, so daß es zu einem konstruktiven Umgang miteinander und mit den eigenen Zielen kommt.

Grundsätzlich sind auch für diesen Personenkreis heterogene Erfolgsteams eine Alternative und ein Weg, der aus der Arbeitslosigkeit zu neuen Perspektiven führen kann. Die Teilnehmer werden durch die Unterstützung im Team und den Austausch mit unterschiedlichen Persönlichkeiten angespornt und ermutigt, ihr Leben in die Hand zu nehmen und selbstverantwortlich zu gestalten.

5. Weitere Gedanken

Für alle homogen – also aus Menschen mit gleicher beruflicher Tätigkeit – zusammengesetzten Teams besteht die Gefahr, daß sich die Teilnehmer als Konkurrenten empfinden. Dadurch entsteht Mißtrauen, und das Erfolgsteam droht zu scheitern.

Die Gefahren, die in der Homogenität liegen, lassen sich meines Erachtens dadurch überwinden, daß sich zumindest Teilnehmer aus unterschiedlichen, Branchen zusammenfinden. Statt miteinander zu konkurrieren, ergänzen sie sich. Je breiter gestreut die Interessen liegen, desto erfolgreicher ist die Arbeit im Team. Dann können Synergien und Kooperationen entstehen, die ein sehr viel weiteres Spektrum schaffen, als dies für den einzelnen möglich wäre.

6. Pragmatische Unterstützung

Uwe R. ist Geschäftsführer einer kleinen, rege wachsenden GmbH und kennt das Leid, mit vielen Entscheidungen allein zu stehen. Er hat sein Ziel, 25 Prozenz mehr Umsatz als Kosten zu erzielen, schnell erreicht. Jetzt wünscht er sich Gesprächspartner in vergleichbarer Situation für einen anregenden Austausch und gegenseitige Unterstützung.

Als Geschäftsführer eines kleinen Unternehmens stehe ich ziemlich alleine da, wenn es um Entscheidungen geht. Ich habe in meinen Mitarbeitern keine Gesprächspartner, wenn Personalprobleme allgemeiner Natur zu besprechen, Investitionsfragen zu diskutieren oder generell Geschäftsleitungsthemen zu entscheiden sind. Da wünsche ich mir oft, andere Meinungen zu hören. Das hat mich schließlich veranlaßt, an einem Erfolgsteam teilzunehmen.

Im Team erhalte ich außer Anregungen für mein weiteres Vorgehen auch ehrliches Feedback. Bei Freunden und Bekannten sagt man dem anderen nicht offen: „Du kommst bei mir so und so an mit dem, was du sagst oder tust." Oder: „Wie du dich bewegst und gestikulierst, wirkt das auf mich so oder so." Hier dagegen kann ich mich mit anderen Menschen über solche Dinge offen austauschen, ohne irgendwelche Beziehungen dadurch zu gefährden. Ich kann auch andere Themen besprechen, die außerhalb meiner Ziele liegen und die für mich trotzdem nicht in normale Beziehungen gehören.

Da es in unserem Team ziemlich privat zugeht, kann ich dort auch über persönliche Themen sprechen. Zugleich sind es neue Leute, und dadurch ergeben sich andere Konstellationen. Sie bewegen sich in anderen Kreisen und haben ein anderes Denken. Gerade für persönliche Themen erhalte ich hier ein anderes Feedback als von Freunden, bei denen es immer nach dem gleichen Muster abläuft. Dabei ist das Klima in unserem Team so, als würden sich Freunde treffen, die sich schon sehr lange kennen. Die Atmosphäre ist offen, konstruktiv und ziemlich locker, mit viel Humor. Dennoch arbeiten wir sehr zielgerichtet und meist ziemlich diszipliniert nach der vorgegebenen Struktur.

Die Unterstützung im Team erlebe ich als sehr pragmatisch, und das ist mir auch am liebsten. Ich brauchte zum Beispiel dringend Mitarbeiter und habe dafür konkrete Hinweise erhalten. Mit einer Frau arbeite ich inzwischen zusammen und bin sehr froh, daß ich sie über das Erfolgsteam gefunden habe.

Mein Ziel war, mindestens 25 Prozenz mehr Umsatz als Kosten zu machen. Dieses Hauptziel habe ich innerhalb kurzer Zeit erreicht. Inwieweit das mit dem Erfolgsteam zusammenhängt, läßt sich schwer sagen. Auch wenn die Grundlagen natürlich bereits früher gelegt wurden, ist die Umsatzsteigerung zeitgleich mit der Arbeit im Team eingetreten. Ich kann mir vorstellen, daß die klare Formulierung meines Ziels eine Menge dazu beigetragen hat, daß ich es erreicht habe. Seit ich im Erfolgsteam bin, achte ich jeden Monat ganz anders auf die Ergebnisse. Ich habe mein Ziel in kleine Zeiteinheiten zerlegt und mir bewußtgemacht, daß mein Ziel für jeden Monat gilt. Also überprüfe ich jede Woche, wo ich stehe.

Früher habe ich das anders gemacht. Da habe ich mir gedacht, wenn ich diese Rechnung diesen Monat nicht schreibe, dann eben nächsten Monat. Ich habe geglaubt, das gleicht sich wieder aus, doch das stimmt nicht. Jeder Monat vergeht und alles, was ich verschleppe, wird eben in diesem Monat nicht mehr realisiert.

Für die Zukunft wünsche ich mir ein Team, in dem die Konstellation der Teilnehmer noch spezifischer ist, mit ähnlichen Problemstellungen, wie ich sie habe. Wenn die Ausgangssituation und die Ziele homogener sind, ergeben sich ähnliche Probleme. Neue Aspekte kommen durch die unterschiedlichen Erfahrungen und Persönlichkeitsstrukturen hinein. Das reicht aus, um die Arbeit im Team abwechslungsreich und effektiv zu gestalten.

Empfehlen würde ich ein Erfolgsteam dann, wenn jemand viele Entscheidungen zu treffen hat, vor allem solche mit weitreichenden Konsequenzen. Auch diejenigen, die in ihrem beruflichen Umfeld nicht genügend oder keine geeigneten Gesprächspartner haben, mit denen sie Entscheidungen diskutieren oder von denen sie sich Input holen können, bekommen viel Unterstützung. Ich denke da in erster Linie an Selbständige oder – wie in meinem Fall – an Geschäftsführer von kleineren GmbHs, die letztlich mit ihren Entscheidungen doch alleine dastehen.

Es eignet sich auch für alle, die Probleme mit der Selbstdisziplin haben. Sie wissen zwar meist, was sie wollen, erreichen es jedoch nicht, weil sie zum Beispiel eine Hinausschiebe-Mentalität haben. Diese Menschen machen dann zwar vieles, nur nicht das, was tatsächlich ansteht. Das Erfolgsteam ist da ein gutes Forum, denn hier wird man immer wieder auf den Kern zurückgebracht. Ich werde an das eigene Ziel erinnert und verzettele mich daher nicht so. In gewisser Weise bin ich auch gezwungen, von Sitzung zu Sitzung einen Schritt weiter zu gehen. Bei mir ist das jedenfalls so. Für mich ist es ganz wichtig, diese Struktur zu haben.

Für den, der erkannt hat, daß er weiterkommt, wenn er den eigenen Horizont erweitert und andere Meinungen hört, ist ein Erfolgsteam ideal. Denn hier lassen sich andere Auffassungen einbeziehen und neue Wege finden. Das hat nichts mit Nachahmen zu tun, sondern erweitert das Spektrum der eigenen Möglichkeiten, statt die Dinge immer nur im eigenen Kopf herumzurühren.

IV.

Ziele

Abraham Lincoln hat einmal gesagt: *Wer im Leben kein Ziel hat, verläuft sich.* Überraschenderweise leben sehr viele Menschen ohne Ziele oder konkrete Vorstellung davon, wo sie eines Tages sein wollen. Sie lassen sich treiben wie ein Korken im Ozean, der von jeder Strömung mitgerissen wird. Einmal schwimmt er oben, dann wird er untergetaucht, er wird hierhin und dorthin getrieben und bleibt irgendwann als Strandgut liegen.

Ziellose Menschen werden von den Wechselfällen des Lebens mitgerissen und fühlen sich dadurch als Opfer der Umstände. Andere haben zwar Ziele, doch gehen diese in alle mögliche Richtungen oder widersprechen einander. Deshalb wird keines dieser Ziele konsequent und mit der erforderlichen Energie verfolgt. Das Ergebnis ist das gleiche.

Im Gegensatz dazu wissen erfolgreiche Menschen genau, was sie wollen. Sie haben klare und eindeutige Zielvorgaben, die sie konsequent verfolgen, selbst wenn es anstrengend ist. Ihnen ist bewußt, daß sie im Leben nicht nur Beifahrer sind, sondern das Steuer ihres Lebensfahrzeugs selbst in der Hand halten und die Richtung bestimmen, in die sie sich bewegen wollen.

Ziele beschreiben einen Endzustand, ein Ergebnis, das man erreichen möchte und deshalb mit viel Energie und Engagement verfolgt. Sie unterscheiden sich von bloßen Wünschen. Wünsche können uns genauso begeistern. Sie entfachen jedoch nicht genügend Feuer, um sie mit persönlicher Anstrengung und konkreten Aktionen zu verfolgen. Ziele sind die Leitlinien unseres Lebens. Sie stehen als Wegweiser an Kreuzungen und sagen, in welcher Richtung es weitergehen soll. Sie passen zur persönlichen Lebenssituation und sind in Einklang mit den Wertvorstellungen und den Lebensumständen. Sie spornen dazu an, Widerstände zu überwinden und Unbequemlichkeiten in Kauf zu nehmen. Deshalb ist es wichtig, daß Ziele klar und möglichst konkret sind und die Gewißheit vermitteln, sie auch erreichen zu können. Sie bilden die Basis und den Ausgangspunkt für die Arbeit in einem Erfolgsteam, denn erst, wenn Sie wissen, wohin Sie wollen, werden Sie sich in Bewegung setzen. Als Motor steht daher am Anfang immer der starke Wunsch, etwas zu verändern, das Leben anders zu gestalten. Einige Teilnehmer verwenden die Zeit im Erfolgsteam dazu, ihre Ziele herauszufinden. Effektiver arbeiten Sie allerdings, wenn Sie bereits mit einer genauen Vorstellung einsteigen. Denn dann bewegen Sie sich von Anfang an auf Ihr persönliches Ziel zu und erleben bereits nach kurzer Zeit konkrete Fortschritte. In diesem Kapitel erfahren Sie:

- wie Sie herausfinden können, was Sie tatsächlich möchten,
- wie Sie Ihr Ziel so formulieren, daß es seine volle Wirkung entfalten kann,
- wie Sie Ihr Ziel am besten erreichen und schließlich
- wie Sie erfolgreich mit Widerständen umgehen können.

1. Zielfindung

Herausfinden, was Sie möchten

Der Wunsch, Erfahrungen zu machen und innerlich zu wachsen, gehört zur menschlichen Natur. Das läßt sich an kleinen Kinder sehr gut beobachten. Sie probieren alles aus und entdecken so ihre Vorlieben und Abneigungen. Spätestens mit dem Schuleintritt beginnt allerdings die Erziehung, massiv in die Entwicklung einzugreifen. Dann muß man oft schmerzlich erkennen, daß es nicht gefragt ist, besonders ausgefallene Wünsche zu haben. Vor allem dann nicht, wenn sie – wie es bei Kindern ganz normal ist – täglich oder zumindest in kurzen Zeitabständen wechseln. So lernen viele Menschen mit der Zeit, ihre Vorstellungen und Gedanken nicht mehr zu äußern. Und irgendwann nehmen sie sie überhaupt nicht mehr wahr.

In meiner Beratungs- und Trainingstätigkeit erlebe ich immer wieder, wie schwer es Erwachsenen fällt, an ihre Phantasien und Vorstellungen heranzukommen und daraus zunächst Wünsche und dann Ziele zu formulieren. Oft ist es eine mühselige Puzzlearbeit: Steinchen für Steinchen müssen die Einzelteile zusammengetragen werden, bis sie ein Gesamtbild ergeben, mit dem weiter gearbeitet werden kann. Doch einmal begonnen, ist dies für alle Beteiligten eine faszinierende und letztlich nie endende Entdeckungsreise.

Es gibt viele spannende und interessante Tätigkeiten, die zu verfolgen sich lohnt. Ihre Wünsche und Träume sind ein wichtiger Anhaltspunkt dafür, welche Ziele Sie persönlich verfolgen sollten. Ich benutze hier bewußt das Wort „sollten“, das ich sonst vermeide, da damit Zwang und Druck von außen verbunden sind. Doch in diesem Fall möchte ich Sie damit auffordern, sich in Bewegung zu setzen und festzustellen, welche Wünsche und Ziele Sie für Ihr Leben haben. Wer seine Träume regelmäßig ignoriert, führt ein Leben auf Sparflamme. Nach außen hin scheint alles in Ordnung, doch innerlich wissen wir, daß etwas fehlt, daß wir uns mehr vom Leben versprochen haben. Es ist ein Leben, dem die besondere Würze fehlt, die es erst zu einem wirklich gelebten Leben macht, auf das wir am Ende mit Stolz und Zufriedenheit zurückblicken. Mark Twain hat es sinngemäß wie folgt auf den Punkt gebracht:

In zwanzig Jahren werden Sie enttäuschter sein über die Dinge, die Sie nicht getan haben, als über die, die Sie getan haben. Kappen Sie also die Halteleinen. Segeln Sie aus dem sicheren Hafen. Lassen Sie die Passatwinde Ihre Segel blähen. Entdecken Sie Neuland. Träumen Sie. Gehen Sie auf Entdeckungsreise.[1]

Ich möchte die Aussage Mark Twains an einem – vielleicht extremen – Beispiel illustrieren:[2]

Eine Frau aus Los Angeles langweilte sich und rief ein Taxi. Sie sagte zum Fahrer: „Fahren Sie nach Norden!" und ließ sich schließlich über Tausende von Meilen bis nach Kanada chauffieren. Der Taxifahrer rief von unterwegs seinen Chef an und teilte ihm mit, er arbeite, werde das Fahrzeug jedoch einige Tage nicht zurückbringen. Ohne an Umkehr zu denken, fuhren die beiden bis nach Kanada und von dort wieder zurück nach Los Angeles. Nach ihrer Rückkehr sagte die Frau „Endlich habe ich einmal getan, was ich wollte, ohne Rücksicht darauf, was andere davon halten."

In dem Moment war es ihr gleichgültig, ob andere sie für verrückt erklärten und der Überzeugung waren, daß man so etwas doch nicht tun könne, weil es einfach zu teuer sei. Sie ließ sich von nichts und niemandem davon abbringen, ihren Wunsch zu verwirklichen.

---

[1] Zitiert nach Joe Sweeney: „Speak and Grow Fit", Artikel in „Profesional Speaker", September 1997, S. 16.

[2] Dieses Beispiel entnahm ich den täglichen Meditationen von Linda McNamar in „Science of Mind", September 1997, S. 72.

So hat jeder Momente, in denen er weiß, daß etwas richtig und wichtig ist. Meist kann man nicht einmal erklären, warum man dieses Gefühl hat. Es ist einfach vorhanden, und niemand wird Sie davon abhalten können. Sie tun es, auch wenn andere Sie für verrückt erklären. Wer der inneren Stimme, dem „Bauchgefühl“, der Intuition – oder wie immer Sie es nennen – folgen will, muß allerdings lernen, diese innere Stimme wahrzunehmen und ihr zu vertrauen. Das ist ein längerer Prozeß, an dessen Ende die Zuversicht und das Wissen stehen, daß es richtig ist, dieser Intuition zu gehorchen – auf sie zu horchen. Erst dann wird man so handeln, wie man es für richtig hält, und sich über Einwände von außen hinwegsetzen.

Das schließt gelegentliche Unsicherheiten nicht aus. Doch die Überzeugung, es schaffen zu können, wird alle Ängste überwinden. Nur der Mensch, der bereit ist, für sein Ziel auch tatsächlich alles Erdenkliche zu tun, wird es schließlich erreichen. Oder wie es Hermann Hesse sagte: *Damit das Mögliche entsteht, muß immer wieder das Unmögliche gewagt werden.*

Machen Sie sich also gemeinsam mit anderen auf den Weg, um das Mögliche – oder vielleicht sogar Unmögliche – zu entdecken, das Sie sich wünschen. Lösen Sie drei Aufgaben, die Ihnen dabei helfen, Ihre persönlichen Puzzlesteine zusammenzutragen und daraus ein individuelles Bild entstehen zu lassen.

Gehen Sie mit auf die Entdeckungsreise zu Ihren wirklichen Interessen. Nicht die Vorstellungen anderer Menschen zählen, sondern Ihre ganz persönlichen. Wenn Sie nicht wissen, in welche Richtung es gehen könnte, nehmen Sie sich für diese Entdeckungsreise einige Wochen Zeit. Nutzen Sie diese Zeit, um bewußt wahrzunehmen, was Sie begeistert und fasziniert, welche Ideen Sie stimulieren und in Schwung bringen. Sammeln Sie alles an Informationen und Material, was Ihre Aufmerksamkeit weckt und Sie in irgendeiner Weise anspricht.

Aufgabe 1: Eine Landkarte entstehen lassen

Beginnen Sie mit einigen Fragen, die Sie als Landkarte für Ihre Reise verwenden und von denen Sie sich bei der Suche nach Ihrem Ziel leiten lassen können:

- Welche Tätigkeiten sprechen mich an?
- Was wollte ich schon lange ausprobieren?
- Welche neue Fähigkeit möchte ich lernen?
- Was würde mir Vergnügen bereiten?

Notieren Sie sich über einige Tage oder Wochen alle Einfälle, die Ihnen dazu kommen. Am besten tragen Sie ein kleines Notizbuch bei sich, damit Sie jederzeit Ihre Gedanken aufschreiben können. Das ist wie mit den nächtlichen Träumen. Wenn man sie nicht sofort nach dem Aufwachen aufschreibt, sind sie unwiederbringlich verloren. Gedanken sind flüchtig und ganz schnell im Alltagsgeschehen untergegangen.

Lesen Sie sich Ihre Aufzeichnungen nach einigen Wochen durch, und finden Sie den roten Faden heraus, der sich darin verbirgt.

- Welche Punkte wiederholen sich?
- Wo bestehen Zusammenhänge?
- Was springt Ihnen als besonders auffällig ins Auge?

Nehmen Sie sich das Gebiet vor, das Sie am meisten anspricht und die stärksten Gefühle in Ihnen hervorruft. Dort liegt der Schlüssel zum Erfolg. Die Dinge, die Sie am stärksten bewegen, sind zugleich diejenigen, aus denen Sie die größte Kraft schöpfen können, wenn Sie sie endlich angehen und sich den damit verbundenen Themen stellen.

Aufgabe 2: Höhen und Tiefen erkunden

Eine andere Möglichkeit ist, das eigene Leben Revue passieren zu lassen und ein Diagramm des persönlichen Lebensweges zu erstellen. Welche Ereignisse haben Sie bis zu diesem Punkt gebracht? Welche Erfahrungen und Einflüsse haben dazu beigetragen, Sie zu der Person zu machen, die Sie heute sind? Welche Zeiträume empfanden Sie als besonders stimmig und erfolgreich? Zu welchen Zeiten sind Sie gestolpert und gegen die eigenen Beschränkungen angerannt?

Jeder Mensch hat diese beiden Pole in seinem Leben: die Zeiten, in denen uns alles gelingt und wir nach den Sternen greifen, und die Phasen, in denen alles dunkel ist und wir uns verloren fühlen. Erst mit zeitlichem Abstand können Sie die Ereignisse im Zusammenhang sehen und den darin verborgenen Schatz an Einsichten und Erkenntnissen entdecken. Dann verstehen Sie besser, wie Sie Ihre Entscheidungen getroffen und welche Veränderungen Sie damit bewirkt haben. Denken Sie dabei auch an die Menschen, die einen Einfluß auf Ihren Lebensweg hatten und Ihnen als Vorbild dienten.

Gestalten Sie alle Informationen in einer Ihnen entsprechenden Form. Dies kann ein Diagramm sein, eine Grafik oder ein Bild, das Ihnen einen Überblick über den Fluß Ihres Lebens von Ihrer Geburt bis zu diesem Tag vermittelt. Heben Sie die Aspekte und Ereignisse hervor, die Sie als besonders herausragend empfinden und als wesentlich für Ihre Entwicklung.

Beginnen Sie zunächst damit, eine mentale Bestandsaufnahme Ihrer Lebensgeschichte zu erstellen, indem Sie sich einige Notizen machen.

Die folgenden Fragen können Ihnen dabei als Leitfaden dienen:

- Welche Menschen waren für meine Entwicklung wichtig?

- Wann hatte ich Zeiten persönlichen Wachstums und neuer Entwicklungen?
- Wo lagen die Schwierigkeiten? Wo die Errungenschaften?
- Welche Interessen und Hobbys habe ich verfolgt?
- Welche Arbeitsplätze, Organisationen, Aktivitäten oder Erfahrungen waren wichtig oder bemerkenswert?

Schreiben Sie alle Gedanken und Erinnerungen auf. Je mehr Zeit und Aufmerksamkeit Sie dieser Aufgabe widmen, desto reicher werden Ihre Erkenntnisse sein.

Falls Sie nur wenig Zeit haben, konzentrieren Sie sich ausschließlich auf die Höhen und Tiefen. Stellen Sie sich dazu die folgenden Fragen:

- Wann fühlte ich mich gelassen und am richtigen Platz?
- Wann fühlte ich mich unsicher und verwirrt?

Die Antworten können sich auf bedeutende Ereignisse beziehen oder auf weniger herausragende Situationen, wenn diese sehr gefühlsintensiv waren.

Nehmen Sie sich anschließend ein großes Blatt Papier, das Sie im Querformat verwenden. Ziehen Sie in der Mitte einen horizontalen Strich, der Ihre Lebenslinie von der Geburt bis zum heutigen Tag darstellt. Teilen Sie die Linie in Abschnitte für Ihre Lebensjahre ein. Der Teil oberhalb der Linie steht für die positiven Abschnitte Ihres Lebens, der untere Bereich stellt die negativen oder schwierigen Zeiten dar. Ziehen Sie mit einem farbigen Stift eine Linie für Ihr Leben, die der Grundstimmung in den einzelnen Jahren entspricht. Wenn es eine Zeit der Hochstimmung und des Erfolgs war, lassen Sie die Linie in die Höhe steigen, und in den schwierigen, dunklen Zeiten rutscht sie nach unten – je nach Ihrer Einschätzung. Vermerken Sie an den einzelnen Stationen, was Sache war und warum dieses Ereignis wichtig war. Das Ergebnis könnte dann etwa so aussehen:

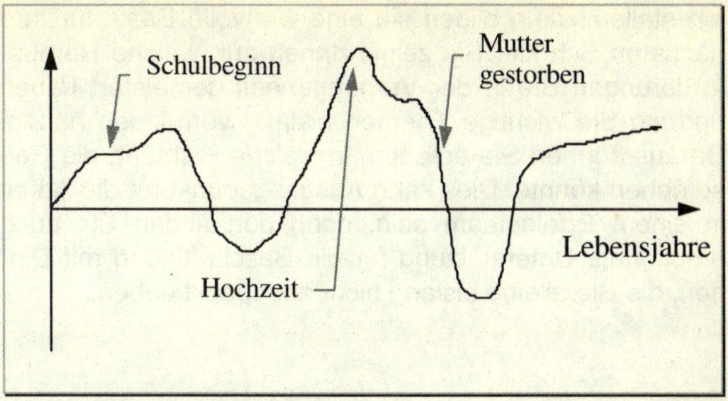

Diese Aufgabe läßt viel Raum für eigene Ideen. Es gibt hierbei kein Richtig oder Falsch. Manche Menschen ziehen eine Linie und notieren Stichpunkte, ähnlich wie in der obigen Zeichnung. Andere malen Bilder oder verwenden verschiedene Farben für unterschiedliche Bereiche ihres Lebens, wie Beruf, Beziehungen, persönliches Wachstum oder anderes, was ihnen wichtig erscheint. Gestalten Sie Ihr Bild in einer Weise, die Ihnen Spaß macht, damit Sie gerne daran arbeiten.

Wenn Sie fertig sind, betrachten Sie Ihr Werk und notieren Ihre Gedanken unter folgenden Gesichtspunkten:

- Welche Themen und Muster entdecken Sie in den Höhen?
- Welche in den Tiefen?
- Was fällt Ihnen sonst auf? Welche weiteren Muster sind enthalten?
- Wie haben Sie auf diese Aufgabe reagiert?
- Welche Einsichten ergeben sich für Ihr derzeitiges Leben aus der Perspektive Ihrer Lebenslinie?

Ich möchte hier eine Warnung aussprechen: Die Arbeit an dieser Bestandsaufnahme über Ihr Leben kann – muß jedoch nicht – starke Emotionen hervorrufen und Ihnen zeigen, wo Arbeit ansteht. Wenn Sie sich diesen Gefühlen stellen, dann bilden sie eine wertvolle Basis für Ihre nächsten Schritte. Sie zeigen Ihnen auf, welche Herausforderungen Sie in der Vergangenheit gemeistert haben und wo Sie wichtige Themen bislang vermieden haben. Daraus können Sie ersehen, in welche Richtung die Reise gehen könnte. Dies kann Ausgangspunkt für die Arbeit in einem Erfolgsteam sein, denn dort finden Sie auch emotionale Unterstützung für die Beschäftigung mit Dingen, die Sie alleine bislang nicht angepackt haben.

Aufgabe 3: Vom Problem zur Lösung

Ein anderer Ausgangspunkt für die Suche nach einem Ziel kann auch ein Problem sein, ein Bereich, in dem Sie etwas dazulernen möchten oder ein tiefes Unbehagen über den Stillstand der persönlichen Entwicklung und ein starkes Bedürfnis nach Veränderung verspüren. Bildlich gesprochen geht es um ein Feld, das Sie beackern und neu bepflanzen wollen, weil es lange brach gelegen ist. Betrachten Sie kurz den Zustand, den Sie verändern wollen, ohne lange dabei zu verweilen. Die Konzentration auf Probleme führt mehr zu einer Lähmung denn zu Lösungen. Dennoch brauchen Sie das Problem als Ausgangspunkt. Es ist wichtig zu erkennen, wie das Feld beschaffen ist, ehe Sie es neu bestellen können.

Im nächsten Schritt überlegen Sie sich, was Sie dort in Zukunft pflanzen wollen: Soll es ein Maisfeld sein oder ein Feld mit Kartoffeln? Malen Sie sich die zukünftige Beschaffenheit so genau wie möglich und mit allen Details aus. Dazu ist es hilfreich, das Unterbewußte einzubeziehen. Das geht in einem Zustand der Entspannung am besten.

Sie können auch wie folgt vorgehen: Ziehen Sie sich an einen Ort zurück, an dem Sie für einige Zeit ungestört sind. Halten Sie Papier und Stift bereit, schließen Sie die

Augen und stellen Sie sich folgende Szenerie vor: Sie sitzen bequem in einem Theater und warten auf den Beginn des Stückes „Meine Zukunft". Der Vorhang öffnet sich, und das Theaterstück beginnt. Sie haben die Möglichkeit, jederzeit Einfluß auf seine Gestaltung zu nehmen. Entdecken Sie sich auf der Bühne in Ihrem neuen, veränderten Leben, und sehen Sie, wie Sie in dieser neuen Situation handeln. Statten Sie die weiteren Szenen nach Ihren Wünschen mit allem aus, was Sie gerne hätten oder tun würden. Nehmen Sie sich dafür genügend Zeit, damit das Stück genau Ihren Vorstellungen entspricht. Stellen Sie sich die folgenden Fragen:

- Was denke ich über dieses neue Leben?
- Wie fühle ich mich?
- Kann ich bereits eine Veränderung wahrnehmen?

Wenn Sie mit Ihrer Inszenierung vollkommen zufrieden sind, betrachten Sie das Ergebnis noch einmal, ehe Sie in die Wirklichkeit zurückkehren. Dehnen und strecken Sie sich. Gehen Sie im Wachzustand den Vorgang der Zielsuche noch einmal bewußt durch, und schreiben Sie alle Elemente auf, die Ihnen wichtig sind, damit Sie jederzeit auf Ihre Inszenierung zurückgreifen können.

Aus diesem Prozeß oder aus den beiden vorherigen Aufgaben entwickelt sich die konkrete Zielformulierung – und somit der nächste Schritt.

2. Zielsetzung

Kriterien wirkungsvoller Zielformulierung

Sobald Sie eine klare Vorstellung von dem haben, was Sie erreichen wollen, gehen Sie daran, dieses Ziel zu formulieren. Je genauer Sie es fassen, desto mehr wird es zu einer Handlungsanleitung. Die Bedeutung von klaren und sprachlich präzise formulierten Zielen läßt sich anhand eines Beispiels verdeutlichen: Stellen Sie sich vor, Sie möchten ein Haus bauen und beauftragen einen Architekten, Ihnen dafür einen Entwurf zu fertigen. Der Architekt kann Ihr Ziel – das Eigenheim – nur dann sinnvoll umsetzen, wenn Sie ihm alle Punkte nennen, die Ihnen wichtig sind. Dazu gehören die Größe und die Anzahl der Zimmer, ihre Lage zueinander, die gewünschten Ausstattungsmerkmale, Materialien und Farben. Je konkreter Ihre Vorstellung vom Endergebnis ist, desto klarer können Sie sie Ihrem Architekten vermitteln, der dafür sorgen wird, daß das Haus am Ende Ihren Idealvorstellungen so nahe wie möglich kommt.

Ehe Sie also damit beginnen, Ihr Ziel im einzelnen zu formulieren, sollten Sie sich die folgenden drei Fragen stellen:

- *Was möchte ich erreichen?*
  Beschreiben Sie den gewünschten Endzustand oder das Verhalten, das Sie erzielen möchten.
- *Wieviel genau möchte ich minimal oder maximal erreichen?*
  Hier legen Sie das Maß fest, mit dem Sie zufrieden sind.
- *Wann will ich den Zustand erreicht haben?*
  Damit legen Sie sich zeitlich fest und können dadurch jederzeit überprüfen, wie weit Sie bereits gekommen sind.

Ziele sollen wirksam sein und Sie motivieren. Deshalb müssen sie überzeugend formuliert sein und möglichst wenig Konfliktstoff für Sie und Ihre Umgebung enthalten. Daher gelten für die Zielformulierung folgende Kriterien:

Positive Formulierung

Zu jeder Formulierung, die Sie verwenden, sucht sich Ihr Unterbewußtsein die passenden Bilder. Für eine negative Formulierung hat es allerdings keine Bilder. Also ignoriert es die Verneinung. Das führt dazu, daß Sie das verstärken, was Sie eigentlich verändern wollen. Überprüfen Sie dieses Vorgehen mit einem einfachen Experiment:

Denken Sie in diesem Moment bitte unter keinen Umständen an eine weiße Maus auf einem roten Fahrrad.

Was ist passiert? Kaum haben Sie den Satz gelesen, haben Sie entweder eine weiße Maus gesehen oder ein rotes Fahrrad, vielleicht sogar beides. Damit haben Sie genau das erzeugt, was Sie vermeiden wollten und benötigen jetzt viel Energie, um das entstandene Bild wieder zu vertreiben. Wen wundert es dann noch, wenn das Ergebnis einer Zielsetzung wie *Ich esse keine Schokolade mehr* wenig ermutigend ist. Denn dadurch rufen Sie ständig Assoziationen und Vorstellungen von Schokolade hervor.

Wenn Sie sich also zum Ziel setzen: *Ich höre mit dem Rauchen auf*, dann verwenden Sie eine Formulierung wie: *„Jeder Atemzug füllt meine Lungen mit reiner und sauberer Luft."* Denn dadurch lassen Sie immer wieder das von Ihnen gewünschte Zielbild entstehen.

Gegenwartsform

Formulieren Sie Ihr Ziel wie etwas, das Sie schon erreicht haben. Also nicht: *Ich möchte geduldiger mit meinen Mitarbeitern sein*, sondern: *Ich reagiere geduldig auf Fragen meiner Mitarbeiter.* In diesem Satz ist bereits ein weiteres Kriterium angesprochen:

Klarheit und Präzision

Sie können sich Ihr Unterbewußtsein auch wie ein kleines Kind vorstellen, das alles wörtlich nimmt, was Sie ihm sagen. Wenn Sie sich also vornehmen: *Ich nehme fünf Kilo ab*, dann kommt irgendwann der Moment, wo Ihr Unterbewußtsein in Panik gerät, weil es sich vorstellt, was passiert, wenn Sie abnehmen und abnehmen und abnehmen. Irgendwann ist nichts mehr von Ihnen da. Also muß es dafür sorgen, daß das nicht passiert, zum Beispiel, indem es ständig „Hunger" schreit. Das können Sie verhindern, wenn Sie eine Aussage wählen, die das beschreibt, was Sie sich wünschen, also entweder: *Ich wiege 60 kg* oder: *Ich trage Kleidergröße 38.*

Beim Beispiel aus dem vorigen Punkt präzisieren Sie, in welchen Situationen Sie geduldiger sein wollen. Es ist wirkungsvoller herauszufinden, bei welchen Gelegenheiten Sie ungeduldig sind, und dann daran zu arbeiten. Eine pauschale Formulierung wie *Ich bin geduldig* bietet zuwenig Anreiz, um wirklich aktiv zu werden.

Setzen Sie ein konkretes Zieldatum

Dieser Punkt wurde bereits erwähnt. Mit der Festlegung auf ein Datum, zu dem Sie Ihr Ziel erreicht haben wollen, teilen Sie den Weg zu Ihrem Ziel in Etappen ein. Zugleich geben Sie damit das Signal an Ihr Unterbewußtes, daß Sie es ernst meinen. Es kann Sie unterstützen und gegebenenfalls erinnern, daß Sie aktiv werden müssen, wenn Sie Ihr Ziel zum anvisierten Zeitpunkt erreichen wollen.

Zielerreichungskriterien

Legen Sie auch fest, woran Sie erkennen können, daß Sie Ihr Ziel erreicht haben. So können Sie jederzeit überprüfen, wie weit Sie noch vom Endzustand entfernt sind. Diese Kriterien waren bei dem Beispiel mit der Reduzierung des Gewichts bereits erfüllt. Wenn Sie auf die Waage steigen, wissen Sie sofort, ob Sie Ihr Ziel bereits erreicht haben. Bei anderen Zielen sind die Kriterien erst noch festzulegen. Woran erkennen Sie, daß Sie geduldiger mit Ihren Mitarbeitern umgehen? Was ist dann anders als jetzt?

Verwenden Sie individuelle, konkrete und sinnspezifische Formulierungen. „Sinnspezifisch" heißt, daß Sie alle Sinne einsetzen. Ein Beispiel für eine entsprechende Zielformulierung:

Mein Ziel ist erreicht, wenn ich innerlich ruhig und gelassen bin. Diese Ruhe dehnt sich als ein warmes, leichtes Gefühl aus, sie beginnt in meinem Bauch und erfaßt meinen ganzen Körper in Wellen des Wohlgefühls. Die Gedanken in meinem Kopf bewegen sich wie ein langsamer innerer Walzer.

Bildlich ausgedrückt könnten *helle* Pastellfarben zu dieser Stimmung passen.

Gerade bei Zielen, die sich nicht so ohne weiteres messen lassen – wie ein inneres Erleben oder ein bestimmtes Gefühl –, ist es hilfreich, sich vorher zu überlegen, wie Sie diese für sich überprüfbar machen können. Nur so gewährleisten Sie, daß Sie irgendwann ein Erfolgserlebnis und einen Grund zu feiern haben. Und was wären Ziele ohne Feier?

Ökologisch

Ökologisch heißt in diesem Zusammenhang, daß Ihr Ziel in Harmonie ist mit Ihren anderen Zielen und mit Ihrem Umfeld. Hilfreiche Fragen, die das klären, sind:

- *In welcher Weise beeinflußt mein Ziel andere Menschen?*
- *Wie werden andere auf mein Ziel reagieren?*
- *Kann ich diese Reaktionen akzeptieren, oder soll ich meine Zielvorstellung ändern?*

Wenn Sie mit Ihrem Ziel in Widerspruch zu Ihrem Umfeld geraten, werden Sie es auf Dauer nicht verfolgen. Es sei denn, Sie waren sich dessen bewußt und haben sich vorgenommen, daß Sie es dennoch tun werden. In diesem Fall ist die Unterstützung durch andere, die Ihrem Ziel positiv gegenüberstehen, von entscheidender Bedeutung. Und damit sind wir wieder beim Thema, denn in einem Erfolgsteam finden Sie die Unterstützung, die Sie brauchen, wenn Sie bedeutende Schritte unternehmen und größere Veränderungen einleiten wollen.

Viele Menschen haben bereits folgende Erfahrung gemacht: Sie wollen etwas erreichen und schreiben dieses Ziel auf. Dann erleben sie, daß das Ergebnis nach einiger Zeit eintritt.

Dieser Effekt hat mit zwei Faktoren zu tun: Zum einen mit einer tiefen inneren Überzeugung und Klarheit, die keinen Zweifel daran läßt, daß das gewünschte Ergebnis auch eintreten wird. Das erlebe ich immer wieder. Sobald ich ohne den Schatten eines Zweifels weiß, was ich möchte, dann tritt es auch in mein Leben. Wichtig ist dabei allerdings die schriftliche Formulierung. Ich bringe es zu Papier und lasse es anschließend los. Das heißt, ich mache mir keine Sorgen darüber, wie und wann ich das Ziel erreichen werde. Das gibt dem Universum und der Vorsehung, dem berühmten Zufall – dem, was uns im richtigen Augenblick zufällt – die Möglichkeit zur Aktion. Durch meine eigene Klarheit und Gewißheit bin ich dann nicht überrascht, wenn die Erfüllung meines Wunsches als Chance auf mich zukommt. Statt dessen kann ich diese Gelegenheit beim Schopfe packen und etwas daraus machen.

Der zweite wichtige Punkt besteht darin, daß das Unterbewußtsein stimuliert wird, wenn man Dinge schriftlich festhält. Dadurch wird aus dem Wunsch oder Gedanken eine Absichtserklärung. Und schon treten die inneren Quellen auf den Plan. Wahrscheinlich kennen Sie dieses Phänomen aus anderen Zusammenhängen. Vielleicht haben Sie sich auch schon mal einen Einkaufszettel geschrieben und brauchten ihn dann nicht, weil Sie sich die einzelnen Dinge auch so merken konnten. Oder während der Schulzeit, als Sie sich kleine Spickzettel geschrieben haben. Am Ende brauchten Sie den Zettel nicht, weil Sie sich an alles erinnerten. Das ist die unterstützende Kraft des Unterbewußtseins.

Dieses Phänomen wird auch im Erfolgsteam genutzt, wenn am Ende der Sitzungen die Ziele bis zum nächsten Mal notiert werden. Durch die schriftliche Fixierung erhalten sie eine Bedeutung und regen an, tatsächlich aktiv zu werden. Einmal ausgesprochen und damit öffentlich gemacht, entfalten diese Punkte eine Eigendynamik. Sie bleiben im Kopf und verlangen so lange Aufmerksamkeit, bis sie erledigt werden.

3. Zielerreichung

Inzwischen haben Sie herausgefunden, was Sie tatsächlich möchten, und dieses Ziel nach den Kriterien einer wirkungsvollen Zielsetzung formuliert. Dann ist es an der Zeit, Ihnen einige Methoden vorzustellen, mit denen Sie sich die Zielerreichung erleichtern. In diesem Kapitel erhalten Sie Informationen zu:

- Brainstorming und Brainstorming „plus“© – einer Methode, mit der Sie aus jeder Idee eine individuelle Lösung machen können,
- Clustering – damit sammeln Sie alle Schritte, die Sie zu Ihrem Ziel führen,
- Flowchart rückwärts oder rückwärts planen – so wissen Sie immer, welchen Schritt Sie als nächstes tun können,
- Planung und Umsetzung – einige Hinweise, wie Sie sich organisieren können,
- und schließlich noch weitere Tips und Anregungen.

Brainstorming „plus“©

Bei Brainstorming „plus“© handelt es sich um die Erweiterung der bekannten und viel genutzten Methode des Brainstorming, die den meisten von Ihnen als Kreativitätsmethode bekannt sein wird. Zunächst wird noch einmal auf diese Methode und ihre Grundprinzipien eingegangen, in einem zweiten Schritt erhalten Sie Anregungen dazu, wie Sie diese Methode noch anders verwenden können. Dann erfolgt die Vorstellung von Brainstorming „plus“©, das Ihnen dabei helfen wird, keine Idee mehr zu verwerfen, sondern aus jeder Idee eine für Sie passende Lösung zu machen.

Klassisches Brainstorming

Vermutlich haben Sie diese Methode bereits in der einen oder anderen Form eingesetzt und damit Erfahrungen gesammelt. Dennoch werden an dieser Stelle noch einmal kurz die Grundprinzipien skizziert. Das dient der Wiederholung und schafft eine Basis für das Verständnis, mit der es sich im weiteren besser arbeiten läßt.

Falls Sie diese Methode bislang noch nicht kennen: Es handelt sich um eine intuitive Technik, die der Amerikaner Alex Osborne Ende der dreißiger Jahre entwickelt hat. Sie erfreut sich bis heute großer Beliebtheit und ist die wohl bekannteste und meistgebrauchte kreative Methode. Websters Internationales Wörterbuch[1] definiert Brainstorming wie folgt:

Eine Konferenztechnik, bei der eine Gruppe versucht, die Lösung eines Problems durch spontan hervorgebrachte Ideen zu finden.

Wenn Sie die Spielregeln des Brainstorming einhalten, lassen sich damit in kürzester Zeit eine Vielzahl von Ideen produzieren, die es wert sind, genauer untersucht zu werden.

Am Anfang eines jeden Brainstorming steht eine genaue Definition des Problems, für das Sie eine Lösung suchen. Die Aufgabenstellung sollte so einfach und doch so speziell wie möglich sein. Je klarer Sie die Aufgabe formulieren, desto vielfältiger und besser sind die Resultate, die dabei entstehen. Wichtig ist, daß alle Teilnehmer an einer Brainstormingsitzung die Spielregeln kennen und sich daran halten. Denn nur dadurch entsteht ein gutes und produktives Klima, das vielfältige und brauchbare Ergebnisse bringt. Die fünf Grundregeln des Brainstorming sind:

---

[1] Zitiert nach Heinz Hoffmann, Kreativitätstechniken für Manager, 2. Auflage 1987, verlag moderne industrie.

1. *Keine Kritik*
   Die Bewertung und Beurteilung der gefundenen Idee erfolgt zu einem späteren Zeitpunkt, meist in einer separaten Sitzung nach Abschluß der Ideenfindung.
2. *Ideen freien Lauf lassen*
   Je ausgefallener die Idee, desto besser. Denn verrückte Ideen lösen oft brauchbare Abwandlungen aus und führen dadurch zu passenden Lösungen. Es ist einfacher, eine Idee zu „bändigen“ als eine neue hervorzubringen.
3. *Quantität vor Qualität*
   Je mehr Ideen Sie sammeln, desto größer wird die Trefferquote für eine wirklich passende Lösung.
4. *Anknüpfungen, Verbesserungen und Modifikationen anstreben*
   Durch die Erweiterung von bereits genannten Ideen entstehen Kombinationen, die zu mehr und besseren Ergebnissen führen.
5. *Jede Idee wird schriftlich festgehalten*
   Es ist wichtig, daß kein Vorschlag verlorengeht. Deshalb sollte jemand die Funktion des Schriftführers übernehmen. In einem Erfolgsteam wird es üblicherweise die Person sein, die das Brainstorming angeregt oder erbeten hat.

Vor allem zwei dieser Grundregeln sind wichtig und tragen dazu bei, daß gute und vor allem neue Ideen zustande kommen. Die eine ist der angesprochene Aspekt *Quantität vor Qualität*. Über die Jahrzehnte seit Erfindung des Brainstorming hat sich erwiesen, daß die besten und wertvollsten Ideen erst nach einer Aufwärmphase kommen. Zunächst müssen sich die Teilnehmer aus ihren gewohnten Denkschablonen gelöst haben. Deshalb ist es wichtig, auch bei einem Stocken des Ideenflusses weiterzumachen. Lassen Sie eine Denkpause zu, denn häufig kommen die interessantesten Ideen erst danach.

Das zweite und noch wichtigere Prinzip lautet: *Killerphrasen sind tabu*. Wenn die erste kritische Bemerkung in der Sitzung erfolgt, womöglich in Form von Sätzen wie „Solch ein Blödsinn!“, dann können Sie das Brainstorming abbrechen. Ab dem Zeitpunkt ist die Kreativität der Teilnehmer blockiert, und es kommen nur noch „sichere“ Vorschläge aus Angst, sich ebenfalls einen abwertenden Kommentar einzuhandeln. Die Beurteilung und Bewertung der vorgebrachten Ideen sollte in einer separaten Sitzung erfolgen.

Andere Einsatzbereiche

Bekannt geworden ist Brainstorming vor allem als Methode, die in Unternehmen und in der Gruppe eingesetzt wird. Es läßt sich allerdings auch gut alleine durchführen. Dazu einige Anregungen:

- Versetzen Sie sich in eine andere Identität, und überlegen Sie, wie diese Person Ihr Problem lösen würde oder – wenn es sich um eine historische Figur handelt – gelöst hätte.
  Mögliche Identitäten sind: ein Steinzeitmensch, ein Astronaut, eine Person des anderen Geschlechts, bekannte Persönlichkeiten wie Albert Einstein, Liz Taylor oder Bundeskanzler Kohl.
- Betrachten Sie Ihr Problem auch aus der Sicht eines anderen Lebensraums.
  Wie würde es am Nordpol gesehen? In der Südsee? Auf dem Mond?
- Ziehen Sie eine andere Epoche heran.
  Wie stellt sich die Situation dar, wenn Sie diese in die Zeit der Antike versetzen, in die Renaissance, ins Jahr 2050?

Einmal begonnen, fallen Ihnen vielleicht noch weitere Varianten ein. Damit erweitern Sie das Potential Ihrer kreativen Möglichkeiten und sind nicht darauf angewiesen, eine Gruppe zu finden, um ein Brainstorming durchzuführen.

Falls Sie dennoch Lust darauf haben, es in der Gruppe zu machen, können Sie zu diesem Zweck auch eine Party organisieren. Laden Sie Ihre Freunde doch einmal zu einer Ideenfindungsparty ein. Das bringt die Anwesenden auf neue Ideen, und vielleicht ergeben sich dabei gleich noch einige weitere Vorschläge für Sie selbst und andere.

Brainstorming „plus"© – der Ablauf

Sie haben eine der genannten Anregungen verfolgt und sitzen jetzt vor eine langen Liste von Vorschlägen. Manches davon erscheint Ihnen ganz interessant und durchaus überlegenswert. Einiges ist auch vollkommen an den Haaren herbeigezogen, und Sie können sich nicht vorstellen, den Gedanken weiterzuverfolgen.

Das ist die Ausgangssituation für Brainstorming „plus"©. Hier arbeiten Sie mit drei Fragen, die Sie dabei unterstützen, keine Idee zu verwerfen, sondern jede Idee als Ausgangsbasis einer für Sie passenden Lösung zu nutzen.

Diese drei Fragen lauten:

1. Welcher verwertbare Kern steckt in der Idee?
2. Wie lassen sich eventuell unbrauchbare Aspekte lösen?
3. Welche anderen Aspekte oder Ideen stecken in diesem Vorschlag?

Damit das Ganze nicht in der Theorie steckenbleibt, sondern Sie einen Eindruck davon gewinnen, wie dies in der Praxis aussehen kann, stelle ich Ihnen die Methode an einem konkreten Beispiel vor. Das folgende Brainstorming fand im September 1997 anläßlich eines Vortrags statt. Die Ausgangsfrage lautete: Wie läßt sich die Angst im Verlauf der Zielverfolgung überwinden? Hier das Ergebnis:

- Risiken ansehen,
- Worst-Case-Szenario bilden,
- sich das Ziel in schillernden Farben ausmalen,
- genau definieren, was ich will,
- Teilschritte festlegen,
- sich nicht von Konventionen beeinträchtigen lassen,
- Leute zum „Täglich-in-den-Hintern-Treten" suchen,
- Erfahrungsaustausch mit anderen,
- Informationen sammeln,
- Kompetenz erwerben und erweitern,
- überlegen, was ich schon alles geschafft habe,
- Tagebuch führen mit Stimmungsbarometer,
- Motivationszwischenziele festlegen,
- Gespräche führen mit Menschen, die bereits ähnliche Ziele erreicht haben,
- die Kunst des negativen Denkens pflegen,
- „Anleitung zum Unglücklichsein" von Paul Watzlawick lesen,
- Dialog mit dem inneren Schweinehund führen,
- Ausprobieren und aus Erfahrungen lernen,
- Belohnung verzögern lernen,
- Unterstützung durch mein Umfeld einschätzen lernen,
- Hilfe suchen,
- sich fragen: „Was ändert sich, wenn ich mein Ziel erreicht habe?"

Unter den genannten Punkten waren einige, die auf Unverständnis oder Ablehnung stießen. Diese haben wir herausgegriffen und dann anhand der Fragen des Brainstorming „plus"© bearbeitet. Als nicht nachvollziehbar oder unverständlich genannt wurden:

- Die Kunst des negativen Denkens pflegen
- Tagebuch führen mit Stimmungsbarometer
- Unterstützung durch mein Umfeld einschätzen lernen

Auf jeden dieser Punkte wurden dann die drei Fragen angewandt. Dabei kam folgendes heraus:

Die Kunst des negativen Denkens pflegen

- Welcher verwertbare Kern steckt in der Idee?
  Sich mit dem eigenen Denken befassen und negative Gedanken annehmen, anstatt sie zu unterdrücken. Wie Sie daraus Energie gewinnen können, wird im nächsten Kapitel „Umgang mit Widerständen" beschrieben.
- Wie lassen sich eventuell unbrauchbare Aspekte lösen?
  Ein unbrauchbarer Aspekt könnte sein, daß es weitgehend verpönt ist, negativen Gefühlen Ausdruck zu verleihen. Sich auf negative Gefühlen einzulassen, kostet daher Überwindung. Eine mögliche Lösung ist, darüber zu schreiben und sich auf diese Weise zu entlasten, ohne andere Menschen zu belasten.
- Welche anderen Aspekte oder Ideen stecken in diesem Vorschlag?
  Sich auf das bereits Erreichte besinnen und damit – gerade wenn Sie sehr zu negativen Gedanken neigen – das positive Denken fördern.

Tagebuch führen mit Stimmungsbarometer

- Welcher verwertbare Kern steckt in der Idee?
  Tagebuch zu führen und auf diese Weise festzuhalten, wie Sie auf dem Weg zu Ihrem Ziel vorankommen. Sich täglich Notizen zu machen und festzuhal-

ten, welche Schritte Sie im Hinblick auf Ihr Ziel bereits unternommen haben.

- Wie lassen sich eventuell unbrauchbare Aspekte lösen?
  Gerade wenn es nicht so gut geht, will man dies nicht auch noch schriftlich festhalten, sondern möglichst schnell wieder aus dem Tief herauskommen. Auf der anderen Seite wird es durch das Aufschreiben leichter, diese Gedanken loszulassen. Das „Stimmungsbarometer" hilft uns zu erkennen, daß die Stimmung und die Fähigkeit, zielgerichtet zu arbeiten, nichts miteinander zu tun haben.
- Welche anderen Aspekte oder Ideen stecken in diesem Vorschlag?
  Regelmäßig zu schreiben und sich dadurch den Zusammenhang von Stimmung und äußeren Ereignissen bewußt zu machen. Wann hänge ich durch? Wie komme ich wieder heraus?

Unterstützung durch mein Umfeld einschätzen lernen

- Welcher verwertbare Kern steckt in der Idee?
  Wissen Sie, wer Sie aus vollem Herzen unterstützt und auf wen Sie zählen können? Durch genaues Zuhören finden Sie dies schnell heraus. Wie sind die Reaktionen verschiedener Personen, wenn Sie davon erzählen, daß es nicht so läuft, wie Sie es sich vorgestellt haben? Erhalten Sie Hilfestellung und Ermutigung wie *„Das kenne ich auch" oder „Das schaffst du schon"?* Oder hören Sie eher Bemerkungen, die Sie dazu bringen sollen, Ihr Ziel aufzugeben, wie *„Da hast du dir einfach zu viel vorgenommen" oder „Mach doch lieber etwas anderes".*
- Wie lassen sich eventuell unbrauchbare Aspekte lösen?
  Hierzu fiel uns nichts ein – nicht jede Frage führt zu einer Antwort.

- Welche anderen Aspekte oder Ideen stecken in diesem Vorschlag?
  Sich Unterstützung holen, anstatt alleine zu arbeiten. Den regelmäßigen Austausch mit anderen pflegen, die ebenfalls weiterkommen wollen. Wie wäre es mit der Teilnahme an einem Erfolgsteam?

Clustering

Diese Methode wird auch als Wortnetze oder Häufchenbildung bezeichnet. Sie stammt von der Amerikanerin Gabriele L. Rico[1], die sie speziell für das Schreiben entwickelt hat. Doch diese Methode läßt sich auch sehr gut für die Zielerreichung einsetzen. Mit dem Clustering können Sie wie in einem Netz – deshalb auch der Name „Wortnetze“ – alle Ideen „einfangen“, die Ihnen auf dem Weg zu Ihrem Ziel einfallen. Stellen Sie sich dazu vor, Sie könnten wie aus einem Hubschrauber Ihr Ziel von oben aus der Luft betrachten. Aus der Distanz erkennen Sie alle Fäden und Verknüpfungen, aus denen Ihr Cluster besteht, und erkennen dadurch die Zusammenhänge. Gehen Sie wie folgt vor:

- Nehmen Sie sich ein weißes Blatt Papier, das mindestens das Format DIN A4 hat, besser noch DIN A3. Verwenden Sie das Blatt im Querformat.
- Schreiben Sie Ihr Ziel in die Mitte, und kreisen Sie es ein. Damit haben sie das Kernwort Ihres Clusters.
- Notieren Sie nun alle Schritte, die Ihnen zu Ihrem Ziel einfallen.
- Knüpfen Sie alle Gedanken als Fäden an Ihr Kernwort an.

---

[1] Gabriele L. Rico, Garantiert schreiben lernen, Rowohlt Verlag, Reinbek b. Hamburg.

- Entspannen Sie sich dabei, und lassen Sie sich von Ihren Ideen leiten. Wenn eine Gedankenkette zu Ende ist, kehren Sie zu Ihrem Kernwort zurück und beginnen mit einem anderen Aspekt.
- Beschäftigen Sie sich mehrere Tage damit, das Cluster immer wieder zu ergänzen. Sie können auch Buntstifte einsetzen, um Zusammenhänge deutlicher hervorzuheben und weitere Verbindungslinien zu ziehen.

Der Vorteil dieser Methode gegenüber einer linearen Aufzeichnung ist, daß Sie mit dem Cluster der Struktur Ihres Denkens folgen. Damit sind Sie viel freier in Ihren Assoziationen als bei einer linearen Vorgehensweise. Zugleich können Sie jederzeit Ergänzungen vornehmen und behalten doch den Überblick. Sie können diese Methode auch sehr gut einsetzen, wenn Sie alleine ein Brainstorming durchführen.

Auf der nächsten Seite finden Sie ein Beispiel für ein Cluster zum Thema „Ziele“, damit Sie eine bessere Vorstellung davon erhalten, wie so etwas in der Praxis aussehen kann.

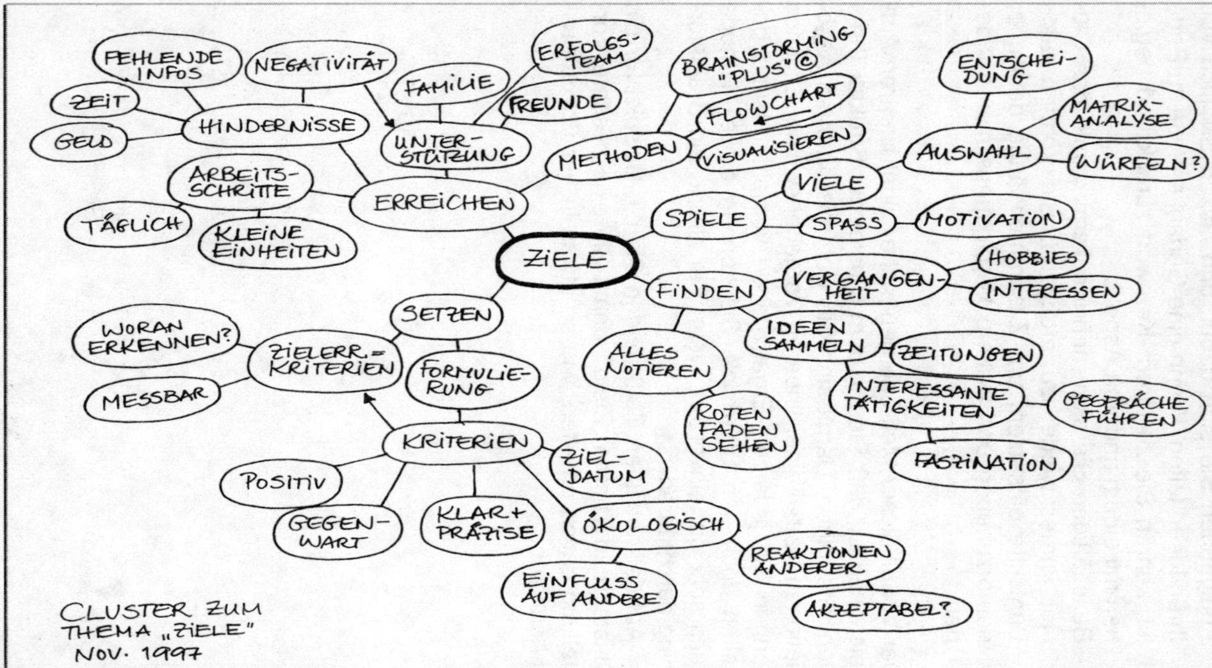
ZIELE
ERREICHEN
HINDERNISSE
FEHLENDE INFOS
NEGATIVITÄT
ZEIT
GELD
UNTER-STÜTZUNG
FAMILIE
ERFOLGS-TEAM
FREUNDE
ARBEITS-SCHRITTE
TÄGLICH
KLEINE EINHEITEN
METHODEN
BRAINSTORMING "PLUS" ©
FLOWCHART
VISUALISIEREN
SPIELE
VIELE
AUSWAHL
ENTSCHEI-DUNG
MATRIX-ANALYSE
WÜRFELN?
SPASS
MOTIVATION
FINDEN
VERGANGEN-HEIT
HOBBIES
INTERESSEN
IDEEN SAMMELN
ZEITUNGEN
INTERESSANTE TÄTIGKEITEN
GESPRÄCHE FÜHREN
FASZINATION
ALLES NOTIEREN
ROTEN FADEN SEHEN
SETZEN
ZIELERR.= KRITERIEN
WORAN ERKENNEN?
MESSBAR
FORMULIE-RUNG
KRITERIEN
POSITIV
GEGEN-WART
KLAR + PRÄZISE
ZIEL-DATUM
ÖKOLOGISCH
EINFLUSS AUF ANDERE
REAKTIONEN ANDERER
AKZEPTABEL?
CLUSTER ZUM THEMA „ZIELE"
NOV. 1997

Flowchart rückwärts oder rückwärts planen

Wie kommen Sie nun an Ihr Ziel? Ein chinesisches Sprichwort sagt: *„Auch eine Reise von tausend Meilen beginnt mit dem ersten Schritt."* Und genauso machen Sie sich auf den Weg. Gewöhnen Sie sich an, jeden Tag einen kleinen, überschaubaren Schritt zu unternehmen. So kommen Sie zwar langsam, aber doch kontinuierlich voran. Das ist allemal besser, als sich immer wieder große Brocken vorzunehmen und dann außer Atem zu geraten. Wenn Sie eine Kämpfernatur sind, dann ist das möglicherweise Ihre bevorzugte Vorgehensweise. Für alle anderen bietet sich die Kontinuität als Alternative an. Dafür ist Flowchart rückwärts wie geschaffen, denn dadurch erkennen Sie schnell, was Sie als nächstes erledigen müssen.

Einigen von Ihnen ist diese Methode vielleicht aus der Netzplantechnik bekannt, wo sie ebenfalls eingesetzt wird. Ein Flowchart ist ein Ablaufplan, aus dem Sie Zusammenhänge ersehen können. Nur daß Sie nicht am Ausgangspunkt beginnen, sondern am Ende starten, beim Ziel, und von dort eine Brücke aus Einzelschritten zurück bis zu Ihrem Ausgangspunkt bauen. Basis für das Flowchart sind Ihre Aufzeichnungen aus dem Cluster. Dort stehen alle wichtigen Schritte die jetzt in das Flowchart übertragen werden können.

Wenn Sie mit der Planung am Ausgangspunkt beginnen, geraten Sie leicht an einen Punkt, an dem Sie nicht mehr erkennen, wie Sie von dort zu Ihrem Ziel gelangen können. Dann kann es passieren, daß Sie das Handtuch werfen und Ihr Ziel insgesamt aufgeben. Dafür gibt es drei Gründe:

1. Sie haben Schritte unternommen, die sich als Zeitverschwendung erwiesen haben, weil Sie Ihre Energie in zu viele Richtungen geleitet haben, anstatt sich auf eine Sache zu konzentrieren.

2. Einige Schritte führten zwar in die richtige Richtung, erschienen Ihnen jedoch zu unbedeutend im Verhältnis zur Größe Ihres Ziels und zur Länge des Weges dorthin. Dadurch haben Sie die Zuversicht verloren, es jemals zu schaffen, und geben auf.
3. Ihre Schritte erfolgten in der falschen Reihenfolge oder zum falschen Zeitpunkt. Das läßt sich am besten an einem Beispiel illustrieren: Sie möchten eine Buchhandlung eröffnen, suchen nach dem passenden Laden und finden auch einen zu einem sehr günstigen Preis. Sie haben jedoch nicht genug Finanzmittel, um ihn auch zu eröffnen. Bis Sie diese schließlich beisammen haben, ist der Laden anderweitig vermietet.

Die meisten Menschen denken, das Wichtigste für die Zielerreichung sei, aktiv zu werden. Sie glauben, Aktion bringt sie vorwärts und deshalb müßte Planung ebenfalls in diese Richtung gehen. Dem ist leider nicht so. Es ist viel hilfreicher, von der Zukunft in die Gegenwart zu planen, vom großen Ziel auf den ersten Schritt, von der Vision zur konkreten Umsetzung in einzelne kleine Teile. Es ist daher wichtig, die vielen einzelnen kleinen Aktionen zu kennen, die den Weg zum großen Ergebnis pflastern und sein Beschreiten überhaupt erst ermöglichen.

Dabei helfen zwei Fragen, mit denen Sie Ihr großes Ziel in Unterziele und diese wiederum in einzelne Handlungen unterteilen können:

1. Kann ich diesen Schritt morgen erledigen?
   Wenn die Antwort hierauf „nein“ ist, folgt die zweite Frage:
2. Was muß ich zuvor tun?

Mit diesen beiden Fragen kommen Sie Stück für Stück dahinter, was vor dem nächsten Schritt zu tun ist. Irgendwann erreichen Sie dann einen Punkt, an dem Sie feststellen: *„Ja, das kann ich morgen erledigen."* Das ist Ihr Ausgangspunkt. Dort können Sie beginnen.

Beispiel für ein Flowchart rückwärts

Achten Sie darauf, daß Sie die einzelnen Schritte so konkret und spezifisch wie möglich fassen. Notieren Sie jeden Punkt auf einem großen Blatt Papier, das in den nächsten Monaten Ihre visuelle Stütze und Ihr Begleiter sein wird. Ihr Flowchart zeigt Ihnen an jedem Punkt, wie Sie die Entfernung von heute zu Ihrem Ziel überbrücken können. Es bildet den Handlungsrahmen, in dem Sie sich vorwärts bewegen – in angemessenem Tempo, in der richtigen Reihenfolge und immer auf Ihr Ziel ausgerichtet. Siehe hierfür das Beispiel auf der vorigen Seite.

Planung und Umsetzung

Nehmen Sie sich einen festen Tag in der Woche vor, an dem Sie Ihre nächsten Schritte planen. Am besten eignet sich der Sonntagabend dafür.

Überlegen Sie sich, wieviel Sie realistisch im Laufe der nächsten Woche schaffen können, und fügen Sie dann noch ein bis zwei Punkte hinzu. Wahrscheinlich gilt für Sie wie für die meisten Menschen: Nur wenn Sie sich ein wenig nach der Decke strecken, fordern Sie sich heraus. Es geht immer noch etwas mehr, als Sie glauben, und in aller Regel gehen Sie nicht an Ihre Energiereserven, sondern bleiben im Rahmen dessen, was Sie noch als bequem erachten. Wenn Sie sich da ein wenig fordern, werden Sie schnell feststellen, daß Sie die Zeit dafür durchaus erübrigen könnten. Es ist eine Frage der Aufmerksamkeit und des Bewußtseins für die eigenen Prioritäten. Das bestätigen auch die Teilnehmer der Erfolgsteams. Sobald sie sich etwas vorgenommen haben, finden sie in aller Regel auch die Freiräume, es zu erledigen.

Tragen Sie alle Aktivitäten in Ihren Kalender ein. Nehmen Sie die Dinge, die Sie sich vorgenommen haben, ernst, und halten Sie sich an Verabredungen, auch wenn Sie sie nur mit sich selbst getroffen haben. Das ist eine Frage des *Commitment* sich selbst gegenüber.

Jeden Tag ein Arbeitsschritt

Arbeiten Sie kontinuierlich. Dadurch kommen Sie letztlich schneller voran als durch gelegentliche Aktivitätsschübe. Es ist wie mit einem Rad: Einmal in Bewegung gesetzt ist es leichter in Bewegung zu halten, als wenn Sie jedesmal von vorne beginnen. Ich konnte das sehr gut beim Schreiben dieses Buches beobachten. Solange ich regelmäßig jeden Tag daran geschrieben habe, war es einfach, wieder hineinzufinden. Als ich allerdings eine größere Pause machte, fand ich danach zunächst viele andere Dinge, die scheinbar wichtiger waren. Es hat einige Zeit gedauert, bis ich meinen Rhythmus wieder gefunden hatte.

Deshalb empfehle ich Ihnen, sich das Prinzip „Jeden Tag ein Arbeitsschritt" zu eigen zu machen. Arbeitsschritte sind kleinste Handlungseinheiten, die sich nicht weiter zerlegen lassen. Sie sind auf ein spezifisches, kurzfristig erreichbares Ergebnis ausgerichtet. Für diese kleinen Schritte – ein Telefonat, die Formulierung einer Affirmation, einen Brief – findet sich immer Zeit. Es gibt im Laufe des Tages immer wieder Leerlauf, den Sie dafür nutzen können.

Arbeitsschritte sind eingebunden in den klar definierten Handlungsrahmen Ihres Ziels. Das Flowchart gibt Ihnen jederzeit Anhaltspunkte dafür, wo Sie weitermachen können.

Arbeitsschritte sind Handlungseinheiten, deren Ergebnis überprüfbar ist. Wenn Sie den Schritt getan haben, können Sie ihn „abhaken" und zum nächsten übergehen. „Täglich einen Schritt vorwärts" bringt sie über kurz oder lang auf jeden Fall an Ihr Ziel. Es ist wie die Besteigung eines Berges. Am Ende sind die zuerst oben, die langsam, aber kontinuierlich einen Fuß vor den anderen gesetzt haben. Denjenigen, die mit viel Schwung begonnen haben, geht häufig unterwegs die Luft aus. Dann macht es entweder sehr viel Mühe weiterzugehen, oder sie kehren um und geben den Weg ganz auf. Vergeudete Energie.

Wenn Sie feststellen, daß Sie trotz guter Vorsätze nichts tun, dann sollten Sie überprüfen, ob Sie sich das richtige Ziel gewählt haben. Ist es wirklich das, was Sie wollen, oder sind Sie auf die Wünsche und Vorstellungen Ihrer Umgebung „abgefahren"? Es gibt einen Grundsatz, der in diesem Zusammenhang hilfreich sein kann:

Für das, was uns wichtig genug ist, haben wir immer genügend Zeit, Geld und Energie.

Wenn Sie also nicht die nötige Energie für Ihr Ziel aufbringen, dann sollten Sie sich fragen, was Ihnen (noch) wichtiger als dieses Ziel ist, und dort beginnen.

Weitere Tips und Anregungen

Zum Abschluß dieses Teils noch einige Anregungen, die Ihnen helfen können, es sich noch leichter zu machen:

Visualisieren Sie Ihr Ziel regelmäßig

Damit verankern Sie Ihr Zielbild in zunehmendem Maße in Ihrem Unterbewußtsein. Es wird dadurch stärker und bekommt eine Kraft, die Ihnen hilft, schwierige Zeiten besser zu überstehen. Nutzen Sie dafür die Inszenierung aus dem Kapitel „Zielfindung". Passen Sie Ihre Inszenierung an, wenn Sie sich näher auf Ihr Ziel zubewegen und dadurch Einzelheiten besser erkennen können. Wenn Sie sich Ihr Zielbild regelmäßig vor Augen halten, beeinflussen Sie Ihr Denken und Handeln so, daß Sie sich immer mehr der Verwirklichung Ihres Ziels nähern. So wird im Laufe der Zeit aus der Phantasie Wirklichkeit.

Post-its einsetzen

Notieren Sie sich wichtige Punkte oder persönliche Affirmationen auf kleinen gelben oder andersfarbigen Zetteln, und kleben Sie sie als Merkposten in Ihren Kalender.

Verwenden Sie Affirmationen

Affirmationen sind unterstützende Sätze, die wir uns selber sagen und die dazu beitragen, unser Selbstbild stetig in die Richtung zu verändern, die wir uns wünschen. Einzelheiten zur Gestaltung von Affirmationen finden Sie im nächsten Kapitel.

Nutzen Sie die Wirkung von Musik

Musik hat eine große Wirkung auf unser Wohlbefinden. Nutzen Sie diese Wirkung für Ihre Zielerreichung, indem Sie Ihre Visualisierungsübung mit einer Musik unterlegen, die Sie mit Energie, Schwung oder Freude verbinden. Die Titelmusik aus dem Film „Chariots of Fire" von Vangelis hat für mich diese Wirkung. Ich verbinde damit nicht nur ein bestimmtes Ziel, das ich erreichen möchte, sondern habe auch positive Erinnerungen aus der Vergangenheit, die damit gekoppelt sind. Mit ein wenig Übung „sehen" Sie dann automatisch die Bilder Ihrer Inszenierung, sobald Sie „Ihre" Musik irgendwo hören.

Sorgen Sie für Ausgleich

Wenn man intensiv an etwas arbeitet, vergißt man schnell, für einen Ausgleich zu sorgen, und läuft daher Gefahr, die Balance zu verlieren. Der Ausgleich kann durch Meditation erfolgen, indem Sie den Geist „ruhig stellen" und sich aus dem aktiven Denkprozeß für einige

Zeit „ausklinken". Auf diese Weise geben Sie Ihrem Verstand und sich selbst eine Verschnaufpause.

Ein Ausgleich kann natürlich auch durch Bewegung erfolgen. Besonders wenn Sie viel sitzen, dann tut es sehr gut, sich wieder zu bewegen. Finden Sie dafür die Form, die Ihnen Spaß macht und am wohlsten tut.

Glauben Sie an Ihren Erfolg

Vertrauen Sie darauf, daß Sie es schaffen, Ihr Ziel zu erreichen, und holen Sie sich dafür Unterstützung. Ein Erfolgsteam ist darauf angelegt, Sie darin zu bestärken, daß Sie Erfolg haben werden.

Halten Sie sich fern von negativen Menschen

Wenn Sie etwas erreichen wollen, ist nichts hinderlicher als Menschen, die Ihnen ständig sagen, daß Sie es nicht schaffen werden und wo die Hindernisse liegen, die zu allem Überfluß natürlich unüberwindbar sind. Wenn Sie die Möglichkeit dazu haben, trennen Sie sich von diesen Menschen, und suchen Sie sich andere, die eine positivere Einstellung zum Leben und zu Zielen haben. Auf Dauer haben Sie mehr davon, in einer für Sie angenehmen und förderlichen Umgebung zu leben und zu arbeiten. Miesepetrigkeit ist ansteckend und kann die besten Vorsätze mit der Zeit aushöhlen und zunichte machen. Und Sie wollen Ihre Ziele doch erreichen und sie sich nicht ausreden lassen?

4. Umgang mit Widerständen

Auch wenn Sie sich sehr enthusiastisch und mit großer Begeisterung auf den Weg machen, kommt irgendwann der Moment, an dem die Widerstände eintreten. Das gehört einfach dazu und ist unvermeidbar. Viele Menschen lassen sich durch die eintretenden Widerstände und äußeren Hindernisse, die auftauchen, entmutigen und davon abhalten weiterzumachen. Das ist allerdings schade, denn es gibt viele Möglichkeiten, mit Hindernissen umzugehen. Einige davon werden in diesem Kapitel vorgestellen. Viele dieser Anregungen stammen von Seminarteilnehmern.

Ursachen hinterfragen

Überlegen Sie sich: Was genau steckt hinter dem Widerstand oder der Unlust? Versuchen Sie, in Ihrer Analyse so genau wie möglich zu sein, und achten Sie insbesondere darauf, was Sie zu sich sagen. Vielleicht so etwas wie „Das hat sowieso keinen Sinn!“ oder „Ich schaffe das alleine nie!“ Mit dieser Art von Selbstgesprächen sabotieren Sie sich regelmäßig selbst – und sind sich dessen meistens nicht einmal bewußt. Hier hilft es, den negativen Sätzen durch bewußt gesetzte innere Botschaften, sogenannte Affirmationen, entgegenzuwirken. Dazu erhalten Sie im nächsten Abschnitt einige Anregungen und Hinweise.

Es kann sich um eine momentane Phase der Unlust handeln, die Sie durchlaufen und die sich, wie Sie aus Erfahrung wissen, bald wieder legen wird. Dann hilft es, abzuwarten und sich zunächst auf etwas anderes zu konzentrieren.

Manchmal hat der Widerstand allerdings einen tieferen Grund. Überlegen Sie sich, ob Ihnen diese Situation bekannt vorkommt. Wie war es in der Vergangenheit, wenn Sie sich etwas vorgenommen hatten? Kam da auch der Zeitpunkt, an dem Sie am liebsten alles hingeworfen hätten? Was haben Sie damals gemacht? Welche Alternative gäbe es dazu? Wie könnten Sie es diesmal anders machen? Mit Hilfe dieser Fragen kommen Sie zu neuen Lösungen.

Wenn Sie entdecken, daß Sie bereits in der Vergangenheit regelmäßig am gleichen Punkt kehrtgemacht haben, dann blättern Sie zurück zu Teil III. Unter „Erste Hilfe – wenn nichts mehr geht“ finden Sie einige Hinweise dazu, wodurch lähmende Widerstände ausgelöst werden können. Vielleicht erkennen Sie sich in einer der dort beschriebenen Situationen wieder.

Affirmationen verwenden

Viele Menschen setzen sich häufig selbst verbal herab und bestärken sich in ihrem negativen Denken. Erst wenn Sie sich bewußt sind, welche Worte Sie verwenden, können Sie etwas an Ihrem Denken und damit an Ihren Ergebnissen verändern.

Eine amerikanische Kollegin, Marian York aus Seattle[1], hat dies auf eine sehr einprägsame Formel gebracht, die auch Titel eines ihrer Seminare ist: *You win or lose with the words you choose* (Sie gewinnen oder verlieren mit den Worten, die Sie wählen). Von Kindesbeinen an hören wir, daß wir etwas nicht können, weil wir zu klein, jung, dumm oder was auch immer sind. Bis Sie erwachsen sind, haben auch Sie diese Denkweise so weit verinnerlicht, daß Sie sich nur sehr selten bewußt sind,

---

1 Sie ist Mitbegründerin des Washington State Council on Self-Esteem.

wie Sie mit sich selbst reden. Doch Ihre Worte beeinflussen Ihr Denken und damit Ihr Handeln.

Affirmationen können dem entgegenwirken. Sie unterstützen Sie dabei, Ihre Einstellung und Ihre Überzeugungen von sich selbst, die sogenannten Glaubenssätze, zu verändern. Affirmationen sind ein Transportmittel auf dem Weg zur Zielerreichung. Es ist daher wichtig, daß sie mit Ihren persönlichen Werten verbunden sind, mit dem, was Ihnen wichtig ist. Andernfalls werden sie von Ihrem Unterbewußten nicht angenommen.

Hier einige Tips für die Formulierung von Affirmationen für die Zielerreichung[1]:

- Sie sollen persönlich sein, also in der Ich-Form, oder einen unmittelbaren Bezug zur eigenen Person haben, z.B. durch Verwendung von „mein“, „mir“.
- Verwenden Sie eine positive Aussage.
- Formulieren Sie den Satz in der Gegenwart und so, als wäre Ihr Ziel bereits erreicht.
- Verbinden Sie diese Affirmationen mit Emotionen, z.B. „Es fällt mir leicht ...“
- Vergleichen Sie nicht. Ihre Affirmation sollte sich ausschließlich auf Sie selbst und die gewünschte Situation beziehen.
- Die Aussage soll realistisch und für Sie glaubwürdig sein.

Um sich Affirmationen leichter einzuprägen, verwenden Sie für jeden Gedanken nur einen „knackigen“ Satz. Hier einige Beispiele für wirkungsvolle und klare Affirmationen:

- *Ich konzentriere mich auf die vor mir liegende Aufgabe und erledige sie schnell und leicht.*
- *Meine intuitiven Fähigkeiten wachsen von Tag zu Tag.*

---

[1] Einige Hinweise hierzu verdanke ich Dr. Petra Coleman, die mit ihrer Firma *The Art of Change* Veränderungsprozesse in Unternehmen begleitet.

- *Ich bin eine gefragte (... Ihre Berufsbezeichnung) und arbeite erfolgreich.*
- *Ich bin es wert, Zeit zu haben für alles, was ich zu leben wünsche.*
- *Ich gönne mir jeden Tag die Ruhepausen, die ich brauche.*

Alternativen suchen

Widerstände kommen häufig von außen – zumindest empfinden wir es so. Die häufigsten Gründe, die uns davon abhalten, unsere Ziele zu erreichen sind:

- *Unsicherheit*
  Sie wissen nicht genau, was Sie wollen. Da hilft es, sich Klarheit zu verschaffen. Informationen dazu finden Sie im ersten Kapitel dieses Teils.
- *Kein oder zuwenig Geld*
  Überlegen Sie sich, wie Sie Ihr Ziel anders erreichen können. Es gibt immer Alternativen, wenn man erst einmal die Phantasie walten läßt.
- *Zuwenig Zeit*
  Wie können Sie sich Freiräume schaffen? Welche derzeitigen Verpflichtungen oder Zeiträuber sind wirklich erforderlich, und auf welche Dinge können Sie für einige Zeit verzichten?
- *Fehlende Informationen*
  Fragen Sie Freunde, Ihre Familie oder die Teamkollegen, wie Sie an die erwünschten Informationen und mögliche Quellen kommen können. Je mehr Sie fragen, desto konkretere Hinweise erhalten Sie.
- *Negativität*
  Sie ist weit verbreitet und infiziert den, der selbst unsicher ist. Meist ist fehlende Unterstützung Ursache für die eigene Verunsicherung. Dagegen schützt Sie Ihr

Erfolgsteam, das Sie regelmäßig aufmuntert, wenn Sie „am Ende“ sind und nicht mehr weiterwissen.

In all diesen Fällen geht es darum, sich zu überlegen, wie Sie auf anderem Weg an Ihr Ziel gelangen können. Denken Sie auch in diesem Zusammenhang daran: Was uns wichtig genug ist, dafür haben wir immer genug Zeit, Geld und Energie.

Eine kreative Pause einlegen

Je intensiver Sie an Ihren Zielen arbeiten, desto leichter vergessen Sie, eine Erholungspause einzulegen. Die Folge ist, daß man irgendwann leergelaufen ist und einem nichts mehr von der Hand geht. Dann sitzt man – wie ich teilweise während des Schreibens an diesem Buch – vor dem Bildschirm oder dem weißen Blatt Papier und kommt einfach nicht weiter. Da hilft auch kein „Ich müßte ...“. Es geht einfach nichts weiter. Die beste Medizin in diesem Fall ist Bewegung. Einen Spaziergang machen oder joggen hilft immer. Durch den Tapetenwechsel lenken Sie sich ab, Sie lassen sich „durchlüften“ und kommen dabei leichter auf neue oder andere Gedanken. Auch wenn ich es in der Situation selber nicht recht glaube, habe ich dieses Phänomen immer wieder erlebt. Es muß nicht einmal ein langer Spaziergang sein. Häufig genügt es bereits, eine Runde um den Häuserblock zu gehen oder im Garten die Blumen zu betrachten, um die Blockade zu lösen.

Die besten Ideen entstehen dann, wenn Sie sich am wenigsten damit beschäftigen. Sie tauchen morgens beim Aufwachen auf oder unter der Dusche. Männer erzählen öfter davon, daß sie ihre besten Einfälle beim Rasieren haben. Dies sind alles Situationen, in denen die Aufmerksamkeit woanders ist und man sich nicht zwanghaft mit der Lösung eines Problems beschäftigt.

Manchmal wird allerdings eine längere Unterbrechung nötig. Überlegen Sie sich, wann Sie sich die letzte Belohnung dafür gegönnt haben, daß Sie so zielstrebig arbeiten. Wenn es schon eine Weile her ist, dann wird es höchste Zeit, sich ein wenig zu verwöhnen. Oder sich eine längere Unterbrechung im Bewußtsein zu erlauben, daß es mit frischem Schwung und neuen Eindrücken leichter geht.

Mit anderen sprechen

Hier bietet es sich in erster Linie an, im Erfolgsteam darüber zu reden. Doch auch der Lebenspartner oder eine Freundin sind gute Gesprächspartner. Anstatt die Widerstände zu unterdrücken, kommen sie auf diese Weise an die Oberfläche, werden ausgesprochen und erhalten dadurch ein anderes Gewicht. Sie werden leichter. Sicherlich kennen Sie Situationen, in denen ein Problem zunächst riesengroß erschien. Doch in dem Moment, als Sie darüber gesprochen haben, hat sich alles relativiert. Das gleiche Phänomen läßt sich auch bei Widerständen und Unlustgefühlen erleben.

Wo finden Sie die beste Unterstützung? Natürlich in Ihrem Erfolgsteam. Gemeinsam getragen werden die Lasten geringer, denn die anderen signalisieren dem Betreffenden: „Ich verstehe dich, denn ich war auch schon in dieser Lage.“

In eine ähnliche Richtung geht auch der nächste Vorschlag:

Widerständen Ausdruck verleihen

Wenn man Widerstände nicht wahrhaben will und deshalb alles daran setzt, sie zu ignorieren oder zu unterdrücken, werden sie nur noch schlimmer. Sie werden riesengroß und verbrauchen Ihre gesamte Energie. Es ist deshalb sehr wichtig, die Widerstände und die damit verbundenen Unlustgefühle anzunehmen und ihnen Ausdruck zu verleihen. Probieren Sie es einmal mit der „Kunst des negativen Denkens“. Dies ist eine Methode, die ich von Barbara Sher[1] gelernt habe und im Umgang mit Widerständen als sehr hilfreich erachte. Sie bringt Energie und ist zugleich ein Ventil, mit dem Sie sich Luft verschaffen und Dampf ablassen können. Es geht darum, konstruktiv zu jammern. Das klingt wie ein Widerspruch, denn wahrscheinlich haben auch Sie gelernt, daß jammern angeblich alles andere als konstruktiv ist. Richtig eingesetzt und ritualisiert, ist es allerdings sehr wirkungsvoll. Es braucht allerdings einige Übung, denn wir haben gelernt, immer lieb und nett und kontrolliert zu sein, selbst dann, wenn wir uns über etwas sehr ärgern.

Und so funktioniert es: Konzentrieren Sie sich auf eine Sache, die Sie als Problem auf dem Weg zu Ihrem Ziel betrachten. Das kann ein tatsächliches Hindernis sein oder ein eingebildetes. Dann überlegen Sie sich alle Gründe dafür, warum dieses Problem Ihre Idee, Ihr Ziel, zum Scheitern verurteilt. Sie können Ihre Gedanken auch schriftlich festhalten. In etwa so:

Das ist ein schwachsinnige Idee. Wie bin ich nur darauf gekommen, ich könnte es schaffen, Schriftstellerin zu werden und damit Geld zu verdienen? Das haben auch schon andere probiert und sind daran gescheitert. Selbst wenn es mir gelingt, 150 Seiten zusammenzubringen, will die sicherlich niemand lesen. Ich war noch nie gut im

---

[1] Sie beschreibt diese Methode in ihrem Buch „Wishcraft – How to Get What You Really Want“, Ballantine Books, New York 1983.

Formulieren. Und dann der Gedanke, wochenlang viel Zeit vor dem Computer zu verbringen. Das alleine reicht schon aus, mir Kopfschmerzen zu bereiten.

Sie verstehen die Idee? Es geht darum, jeden negativen Gedanken auszudrücken.

Als nächstes probieren Sie, dabei Spaß zu haben und Ihre negativen Vorstellungen zu übertreiben, zu parodieren und die Schuld auf andere zu schieben. Tun Sie all das, was Sie im „normalen" Alltag nie und nimmer machen würden. Sagen Sie alles, solange es boshaft, anklagend und destruktiv ist und dennoch einen Schuß Kraft enthält. Sie werden schnell feststellen, daß sich Ihr Energieniveau bessert. Negativität enthält jede Menge Energie. Sie wurde uns nur im Laufe der Zeit ausgetrieben und mit einem Tabu belegt. Diejenigen von Ihnen, die Kinder haben, erinnern sich bestimmt an die Temperamentsausbrüche der lieben Kleinen. Besonders Zweijährige verstehen sich meisterlich in dieser Kunst. Sie wissen noch, wieviel Kraft darin steckt, sich auszutoben und zu schreien. Diese Erkenntnis können Sie auch für sich nutzen, ob Sie es nun im stillen Kämmerlein wagen oder mit einer Gruppe von Gleichgesinnten, denen Sie die Regeln erklären.

Gemeinsam mit anderen müssen Sie darauf achten, daß niemand auf die Idee kommt, mit konstruktiven Vorschlägen den Effekt zu unterlaufen. Etwa nach dem Motto: *Ist ja nicht so schlimm, das legt sich schon wieder. Schlaf erst mal drüber.*

Das Hauptprinzip bei der Kunst des negativen Denkens ist folgendes: Alles Negative und Hemmende loswerden – und den daraus gewonnenen Schwung anschließend für die Arbeit an den Zielen nutzen.

Negative Gedanken gehören zum Leben – und damit auch zur Zielerreichung. Wir sind so sehr darauf getrimmt, positiv zu denken, daß es schwerfällt, sich vorzustellen, die gerade beschriebene Methode könnte funktionieren. Wenn Sie jedoch versuchen, sich trotz Ihrer Bedenken eine positive Haltung aufzuzwingen, ist das der sicherste Weg dazu, etwas nicht zu schaffen. Sie werden sich in jeder Weise sabotieren. Wie Sie mit diesen Gedanken und Gefühlen umgehen, entscheidet darüber, ob Sie erfolgreich sind oder nicht.

Sich Motivation holen

Die Möglichkeit, mit anderen über die eigenen Widerstände zu sprechen, wurde bereits vorgestellt. Sie konkret zu bitten, bei der Überwindung von Widerständen zu helfen, ist eine weitere Variante dazu. Das Gespräch mit anderen nimmt den Widerständen den Horror. Zugleich gewinnen Sie dadurch neue Perspektiven. Als Nebeneffekt holen Sie sich damit zugleich Anerkennung für das bereits Erreichte und erhalten es in aller Regel auch. Die meisten Menschen neigen dazu, nicht mehr wahrzunehmen, was sie erreicht haben, sobald sie sich in einem negativen Kreislauf befinden. Da herauszukommen und die Dinge zu relativieren, dafür sind Gespräche mit andern und die konkrete Bitte um Motivation sehr hilfreich.

Für Ablenkung sorgen

Wenn Sie zu sehr im Negativen verhaftet sind, ist es wichtig, auf andere Gedanken zu kommen. Dies kann dadurch geschehen, daß Sie eine kreative Pause einlegen und einige der zu diesem Punkt beschriebenen Schritte unternehmen.

Auch das bewußte Nichtstun kann ein „Schritt“ sein. Legen Sie sich dafür zwanzig Minuten aufs Sofa, schließen Sie die Augen, und schalten Sie für diese Zeit alle Gedanken so gut wie möglich aus. Alles, was ansteht, läuft Ihnen nicht davon. Es wird auch nach der Pause noch auf Sie warten.[1]

Sie können auch eine Belohnung vorwegnehmen und sich auf diese Weise ablenken. Wie wäre es mit einem entspannenden Bad mitten am Nachmittag? Oder einem Ausflug unter der Woche, wenn weniger los ist? Anschließend fällt es meist leichter, wieder an die Arbeit zu gehen. Je besser Ihre Pausenkultur in einer Phase konzentrierter Arbeit ist, desto leichter kommen Sie wieder in die Arbeit hinein – mit mehr Energie und größerer Motivation.

Vielleicht fallen Ihnen noch weitere Möglichkeiten ein, oder Sie haben Ihre eigene Methode entwickelt, wie Sie mit Widerständen umgehen können. Wenn Sie Anregungen haben, schreiben Sie mir doch.

Ich freue mich über jeden Brief mit einer Beschreibung Ihrer persönlichen Methode zum Umgang mit Widerständen.

Der Geschmack des Besonderen

Birgit D. war zum Zeitpunkt ihres Einstiegs in ein Erfolgsteam arbeitslos. Mit Unterstützung durch das Team gelang es ihr, einen Betrieb davon zu überzeugen, daß ihre Arbeit soviel Profit einbringen würde, daß es sich lohnen würde, sie einzustellen. Sie ist überzeugt davon, daß Arbeitslose mit Hilfe eines Erfolgsteams ihre Situation konstruktiv angehen und zu positiven Ergebnissen kommen können.

---

[1] Weitere Information über die heilende Wirkung solcher Kurzpausen finden Sie in Ernest L. Rossi: 20 Minuten Pause, Junfermann Verlag, Paderborn.

Zum Zeitpunkt meines Einstiegs in das Team war ich auf der Suche nach einer adäquaten Beschäftigung. Ich wollte mich beruflich neu orientieren und mich auch persönlich weiterentwickeln. Dafür brauchte ich eine Struktur, und die habe ich im Team gefunden. Dort hatte ich immer wieder einen Rahmen, in dem ich mich Stück für Stück weiterentwickeln konnte.

Am Anfang waren meine Ziele noch nicht sehr konkret. Das kam erst im Laufe der Zeit, nachdem ich damit begonnen hatte, mich beruflich völlig neu zu orientieren, dafür Kontakte zu knüpfen und mein eigenes Leben zu strukturieren. Durch das Team habe ich gelernt, zielgerichtet vorzugehen und Dinge Schritt für Schritt zu erreichen.

Nach sechs Monaten hatte ich einen neuen Arbeitsplatz – das ist ein klares, meßbares Ergebnis. Die persönliche Weiterentwicklung läßt sich nicht so gut messen, denn das ist ein fortlaufender Prozeß, der sich von Treffen zu Treffen vertieft hat. Indem ich mit anderen über mich gesprochen habe, mußte ich mich mit mir selbst auseinandersetzen.

Das Erfolgsteam war ein geschützter Raum, in dem auf einer offenen und ehrlichen Basis konstruktiv gearbeitet wurde. Ich bekam durch das Team eine andere Sichtweise. Durch die Geschichten der anderen Teammitglieder konnte ich erkennen, wie sich andere Menschen weiterentwickeln, wie sie ihre eigenen Ziele verfolgen und welche Situationen ihnen Schwierigkeiten bereiten. Das ließ sich sehr gut mit meiner eigenen Energie und meinem Tempo vergleichen. Ich habe mich durch das Team sehr viel besser kennengelernt.

Ein anderer wichtiger Aspekt ist für mich, daß sich auch meine innere Einstellung verändert hat. Ich habe mir zielorientiertes Denken angewöhnt und lebe nicht mehr von heute auf morgen, nach dem Motto „Wie es kommt, so kommt es eben". Statt dessen habe ich erkannt, daß sich Dinge bewegen und verändern lassen. Die Erkenntnis, daß ich meine Träume verwirklichen kann, indem ich sie in realistische Ziele umsetze, ist ein ganz wichtiger Punkt.

Unterstützung im Team erhielt ich hauptsächlich in Form von Feedback. Die anderen Teilnehmer gaben mir Rückmeldungen dazu, wie sie meine Probleme sehen und wie ich mit ihnen umgehe. Wenn ich an mir gezweifelt habe, dann haben sie mir gesagt: „Das schaffst du schon, das trauen wir dir zu." Durch diese Bestärkung und auch durch konstruktive Kritik konnte ich meine Fähigkeiten besser einschätzen und an Selbstvertrauen gewinnen. Wenn ich das alleine versucht hätte, hätte ich mein Ziel sicher nicht so schnell erreicht. Es wäre auch weniger reizvoll und bereichernd gewesen als die Arbeit in den gemeinsamen Sitzungen.

Unser Team war von den Persönlichkeiten, den Interessen und dem beruflichen Hintergrund her bunt gemischt. Das hatte den Nebeneffekt, daß ich toleranter geworden bin gegenüber anderen Menschen. Ich kann inzwischen besser nachvollziehen, was andere bewegt, und ihnen dabei Unterstützung geben.

Das Besondere in einem Erfolgsteam ist für mich, daß jeder an einer positiven Entwicklung arbeitet, an seinem persönlichen Erfolg – wie auch immer der definiert sein mag. Dadurch hat das Erfolgsteam den Geschmack von etwas Besonderem. Wir haben uns in dem Bewußtsein getroffen, daß durch unsere Treffen etwas Tolles für jeden einzelnen herauskommt. Das hat uns sehr viel Schwung gegeben und das Bewußtsein, daß wir unsere eigene kleine Welt verändern können.

Ich empfehle ein Erfolgsteam allen, die bereit sind, an sich selbst zu arbeiten, um aus ihren „geschlossenen" Kreisen herauszukommen und ihrem Leben neue Impulse zu geben. Ein Team bedeutet einfach Bewegung und viel Neues. Es setzt allerdings die Bereitschaft voraus, daß man etwas lernen und sich weiterentwickeln möchte.

Durch meine eigene Erfahrung empfehle ich es besonders Arbeitslosen. Heute braucht man bei der Suche nach einer neuen Stelle sehr viele Kontakte. Es ist nicht mehr damit getan, die Zeitung aufzuschlagen und sich auf eine Anzeige zu bewerben. In Zukunft ist es wichtig, ein breites Spektrum ins eigene Sichtfeld zu bringen. Dazu gehört auch, durch Kontakte neue Arbeitsplatzideen entstehen zu lassen, indem man Nischen und neue Arbeitsfelder erkennt und dort aktiv wird. Das klassische Vorgehen, „Hier ist eine Stelle und das sind meine Qualifikationen dafür", funktioniert meines Erachtens nicht mehr.

Den Arbeitsplatz, den ich heute habe, gab es zunächst nicht. Ich habe ihn mir selbst geschaffen, weil ich bereit war, meine Situation zu hinterfragen und Konsequenzen aus für mich unbefriedigenden Situationen zu ziehen. Das Erfolgsteam hat mir in dieser Phase des Umbruchs viel Sicherheit gegeben. Im Team konnte ich alle für mich wichtigen Themen ansprechen. Dort habe ich Hinweise auf andere Quellen erhalten, mit denen ich weiterarbeiten und weiterdenken konnte.

Ich wünsche mir, daß Erfolgsteams weite Verbreitung finden. Wenn jeder daran arbeiten würde, seine Träume zu leben und persönliche Ziele zu verfolgen, hätten wir eine weitaus friedlichere, harmonischere und lebendigere Gesellschaft, als wir sie heute erleben.

Sonstiges

Sollten Sie in Ihrer Gegend keine Interessenten finden oder aus anderen Gründen nicht in der Lage sein, ein eigenes Team zu gründen, können Sie sich auch gegen eine Gebühr in meine Datenbank aufnehmen lassen. Sie werden dann informiert, sobald sich genügend Interessenten aus Ihrer Region gemeldet haben.

[illegible]

[illegible]

[illegible]

[illegible]

[illegible]

[illegible]

V.

Das eigene Erfolgsteam gründen

In diesem Teil erhalten Sie Anregungen dafür, wie Sie vorgehen können, wenn Sie selbst ein Team gründen wollen. Dies ist besonders hilfreich für diejenigen unter Ihnen, die an anderen Orten als München wohnen und durch die Lektüre neugierig geworden sind und Lust haben, die Energie eines Erfolgsteams für ihre eigenen Ziele zu nutzen.

Mit den nachfolgenden Kapiteln erhalten Sie ein bewährtes Rezept, nach dem Sie „kochen“ können. Die Zutaten dafür sind:

- *Interessenten*
  Wie Sie an die Menschen kommen, die zu Ihnen passen.
- *Räumlichkeiten*
  Wo die Sitzungen stattfinden.
- *Teambildung*
  In welchen Phasen ein Team entsteht.
- *Das erste Treffen*
  Wie Sie dafür sorgen, daß der Einstieg gelingt.
- *Das weitere Vorgehen*
  Was sonst noch wichtig ist.
- *Mögliche Klippen*
  Woran ein Team scheitern kann.

Mit diesen Zutaten sollte es Ihnen gelingen, das für Sie passende Erfolgsteam zu gründen. Am besten lesen alle Teilnehmer das Rezept vor dem Einstieg, damit sie wissen, worauf sie sich einlassen und was sie erwartet.

1. Interessenten

Ein Erfolgsteam steht und fällt mit den Menschen, die sich darin zusammenfinden. Deshalb ist es besonders wichtig, darauf zu achten, daß Sie die Personen finden, die zu Ihnen passen. Das hängt in erster Linie von Ihrem eigenen Temperament ab und davon, was Sie von Ihrem Team erwarten. Sollen es Personen sein, die sehr diskussionsfreudig und direkt sind und Ihnen regelmäßig den berühmten Tritt verpassen? Oder haben Sie eher ein Bedürfnis nach einer Atmosphäre, die „Kuscheligkeit" ausstrahlt und in der Sie mit Samthandschuhen angefaßt werden?

Klären Sie dies vorweg, denn es bestimmt Ihr Vorgehen bei der Suche und Auswahl Ihrer zukünftigen Gefährten. Nur wenn Sie wissen, was Sie sich von einem Erfolgsteam versprechen, können Sie die Vorgehensweise wählen, die Ihnen die richtigen Begleiter beschert.

Hier einige Vorschläge dafür, wie Sie Interessenten finden:

Freunde und Bekannte ansprechen

Dies ist sicher der einfachste Weg, denn Sie kennen Ihre Umgebung und wissen, wer in Frage kommt. Sie können einschätzen, wie zielstrebig und ehrgeizig die einzelnen sind und ob Sie mit ihnen einige Zeit regelmäßig arbeiten wollen. Das ist eine gute Ausgangsbasis für erste Gespräche über Ihre Idee. Es stellt sich dann schnell heraus, wer tatsächlich ein Interesse hat und bereit ist, aktiv und konsequent seine Ziele zu verfolgen.

Nach meiner Rückkehr aus Amerika habe ich mein Team auf diese Weise gefunden. Ich habe mir überlegt, wer mir sympathisch ist, und in der Folgezeit darauf geachtet, ob diese Menschen davon sprechen, daß sie ein bestimmtes Ziel erreichen wollen. Dann habe ich über meine Erfahrungen mit einem Erfolgsteam berichtet und sie direkt gefragt, ob sie Lust hätten, mit mir ein Team zu gründen. Die ersten, die ich ansprach, wußten von anderen, die ebenfalls ein Interesse haben könnten. So zog meine Idee erste kleine Kreise.

Einige zeigten sich zunächst interessiert, erschienen dann allerdings nicht zu dem vereinbarten Termin, an dem ich das Konzept vorstellen wollte. Auch das ist eine klare Aussage und etwas, mit dem Sie rechnen müssen: Nicht alle, die Begeisterung zeigen, sind auch bereit, sich tatsächlich im erforderlichen Maße zu engagieren. Das heißt nicht, daß sie nicht zu einem späteren Zeitpunkt hinzustoßen können. So war es auch in unserem Team. Eine Frau, die im Sommer 1995 einen Rückzieher machte, entschloß sich im darauffolgenden Januar, doch mitzumachen. Von zehn Personen, die ich ansprach und die Interesse hatten, blieben zunächst drei übrig. Das war der Anfang.

Mit einem derartigen Schwund sollten auch Sie rechnen. Gehen Sie grundsätzlich davon aus, daß Sie Ihr Konzept etwa doppelt so vielen Personen vorstellen müssen, als Sie tatsächlich im Team haben wollen. Damit sind Sie auf der sicheren Seite und stehen am Ende nicht mit leeren Händen da.

Noch ein Hinweis

Nicht empfehlenswert ist es, mit Menschen, die Ihnen beruflich oder privat nahestehen, in einem Erfolgsteam zu arbeiten. Dann besteht die Gefahr, daß die gewohnten Rollen beibehalten werden und die Bewegungsfreiheit eingeschränkt ist.

Anzeige schalten

Sie können auch eine Kleinanzeige in die Regionalzeitung (unter „Verschiedenes" oder einer ähnlichen Rubrik) setzen. Probieren Sie es mit einer Formulierung wie:

Zielrichtung: Suche Menschen, die ein Interesse daran haben, Ihre Ziele im Team mit anderen zu erreichen.

Für eine Anzeige dieser Größenordnung mit Angabe Ihrer Telefonnummer müssen Sie in der „Süddeutschen" z.B. mit etwa DM 100,- rechnen. In anderen Zeitungen ist es vermutlich billiger. Wenn Sie in einer Gegend wohnen, in der es örtliche Werbeblätter („Wochenblatt") oder Stadtteilzeitungen gibt, können Sie es auch dort mit einer Anzeige probieren.

Erwarten Sie sich dann aber nicht zu viel. Meine Erfahrung mit Anzeigen für Seminare war eher enttäuschend. Es kann also sein, daß Sie beim ersten Mal wenig Resonanz erhalten und es mehrmals probieren müssen.

Wenn sich jemand meldet, erzählen Sie, was Sie sich vorstellen, und achten Sie genau auf die Reaktion der anderen Person. Der Resonanz können Sie bereits viele Hinweise entnehmen. Stellen Sie gezielte Fragen, mit denen Sie Informationen über die Einstellung Ihres Gesprächspartners zu Zielen und die Bereitschaft zu kontinuierlicher Arbeit erhalten. Denken Sie nicht zu sehr an die Kosten der Anzeige, sondern behalten Sie Ihr Ziel im Auge: ein gutes und erfolgversprechendes Team zusammenzustellen.

Sie können Interessenten auch vorschlagen, dieses Buch zu lesen, damit Sie anschließend darüber sprechen können, ob ein Erfolgsteam für sie in Frage kommt. Dann brauchen Sie nicht alle Einzelheiten zu erklären. Das ist prinzipiell günstig, wenn Sie bislang keine Erfahrung mit Erfolgsteams haben.

Wenn Sie diesen Weg beschreiten, freue ich mich darauf, von Ihnen zu hören, welche Erfahrungen Sie damit machen, da ich bislang auf keine praktischen Erfahrungswerte zur Teamsuche per Anzeige über das Buch zurückgreifen kann. Ich halte diesen Ansatz für einen gangbaren Weg, der auf jeden Fall einen Versuch wert ist.

Aushang

Ein Sonderfall der Anzeige ist der öffentliche Aushang. Das kann ein „Schwarzes Brett“ im Supermarkt sein, obwohl ich davon weniger halte. Bei den dortigen Aushängen geht es meistens darum, gebrauchte Gegenstände zu verkaufen oder seine Dienste in der Nachbarschaft anzubieten. Interessanter sind da die Anschlagtafeln im Betrieb, in der Bibliothek oder in Ihrer Kirchengemeinde.

Hier können Sie davon ausgehen, daß Sie Menschen ansprechen, mit denen Sie auf einer Wellenlänge liegen.

Denken Sie auch an die Buchhandlung in der Nähe. Wenn Sie dort dieses Buch gekauft haben, ist der Buchhändler sicherlich bereit, einen entsprechenden Aushang an der Eingangstüre oder am Fenster anzubringen. Schließlich machen Sie auf diese Weise Reklame für ein Buch aus seinem Sortiment.

Seminare und Vorträge

Wenn Sie Seminare anbieten, sind Erfolgsteams möglicherweise eine gute Ergänzung zu Ihrem Angebot. Gerade wenn es in diesen Seminaren um Veränderungen geht – den generellen Umgang damit oder Veränderungen im Verhalten –, ist die Unterstützung durch eine Gruppe wichtig. Gemeinsam geht es leichter, und die gemeinsame Seminarteilnahme ist eine gute Voraussetzung für die weitere Arbeit am Thema. Die Teilnehmer kennen sich bereits und haben einen ersten Eindruck voneinander gewonnen. Damit fällt die Phase des Kennenlernens und gegenseitigen „Beschnupperns" weg, und es kann gleich zur Sache gehen.

Ihren Seminarteilnehmern bieten Sie einen echten Zusatznutzen. Das gibt Ihnen einen Wettbewerbsvorsprung, denn Sie offerieren mehr als nur das vereinbarte Konzept. Besonders Firmen verlangen heute, daß Bildungsmaßnahmen einen nachweisbaren Nutzen erbringen. Bedingung ist in diesem Fall allerdings, daß die Teilnahme am Erfolgsteam bei allen aus freien Stücken erfolgt. Andernfalls ist es zum Scheitern verurteilt.

Wenn Sie selbst das nächste Mal an einem Seminar teilnehmen, können Sie den Vorschlag einfließen lassen, sich anschließend regelmäßig in einem Erfolgsteam zu treffen und so die Inhalte des Seminars zu vertiefen und zu festigen.

Sie können das Buch natürlich auch zur Grundlage von Vorträgen machen und auf diese Weise versuchen, Interessenten für ein Erfolgsteam zu finden. Vielleicht sind Sie in Ihrer Kirchengemeinde aktiv oder in einer anderen gemeinnützigen Einrichtung, wo Sie Gelegenheit haben, die Ideen dieses Buches vorzustellen und ein Team zu gründen. Das Konzept bietet sehr viele Einsatzmöglichkeiten, die Sie nutzen können, wenn Sie Ihre Phantasie walten lassen.

2. Räumlichkeiten

Sie haben genügend Interessenten gefunden, mit denen Sie ein Erfolgsteam starten wollen. Jetzt geht es darum, einen Raum für die erste Sitzung und alle folgenden Treffen zu finden. Wieder gibt es unterschiedliche Möglichkeiten, die davon abhängen, was Sie sich vorstellen und welcher Rahmen Ihnen passend erscheint. Ich stelle Ihnen die Varianten vor, die von den bestehenden Teams bislang ausprobiert wurden.

Privatwohnung

Das ist der beste Rahmen überhaupt, denn dadurch erhalten die Sitzungen einen fast privaten Charakter. Wenn ein oder mehrere Mitglieder bereit sind, ihre Privatwohnung zur Verfügung zu stellen, empfehle ich diese Möglichkeit. Der private Charakter trägt dazu bei, daß sich auch sehr persönliche Themen leichter ansprechen lassen. Dort ist das einfacher als in einem öffentlichen Raum. In der Privatwohnung kann es allerdings passieren, daß die Atmosphäre zu privat wird und die Disziplin darunter leidet. Probieren Sie es aus, und passen Sie den Raum Ihren Bedürfnissen an.

Büro

Das ist meines Erachtens die zweitbeste Lösung. Sie wird ebenfalls gerne genutzt, da sie eine doppelte Funktion hat. Einmal hat das Büro eines Mitglieds immer noch einen gewissen privaten Charakter. Zum anderen ist es auch ein geschäftlicher Bereich, was der Bedeutung eines Erfolgsteams entspricht.

Schule

Schulräume sind ein Mittelweg zwischen Räumlichkeiten mit einem eher privaten Charakter – Privatwohnung und Büro – und einem öffentlichen Raum. Ein Team traf sich regelmäßig in den Unterrichtsräumen eines privaten Bildungsträgers, bei dem ein Teammitglied tätig war. Diese Räume werden am Abend kaum genutzt, und dadurch konnten die Teilnehmer dort ungestört ihre Sitzungen abhalten. Allerdings herrscht in Unterrichtsräumen immer eine gewisse sterile Atmosphäre, die nicht jedermanns Sache ist.

Restaurant

Wenn Sie sich in einem Restaurant, und damit im öffentlichen Bereich, treffen, ist es möglich, das Nützliche – die Sitzung – mit dem Angenehmen – einem Abendessen – zu verbinden. Am besten nacheinander. Auf diese Weise trennen Sie die Arbeit an den Zielen vom Abendessen und können sich besser auf die jeweilige Aktivität konzentrieren.

Wählen Sie ein Lokal, das eine ruhige Ecke bietet, in der Sie einigermaßen abseits vom sonstigen Trubel sind. Einige Restaurants sind am frühen Abend nur mäßig besucht und eignen sich daher besser für eine Sitzung. Bis die Masse der Gäste kommt, haben Sie Ihre Besprechung absolviert und können sich dann entscheiden, ob Sie den Abend mit einem Essen ausklingen lassen oder gehen wollen.

Hotel

In meinem eigenen Team trafen wir uns regelmäßig in der Lobby eines First-Class-Hotels in der Münchener Innenstadt. Das hatte einen besonderen Reiz. Wir waren dort umgeben vom Flair des Erfolgs, der von solch einem Ort ausgeht. So konnten wir sozusagen den Duft des Erfolgs atmen, während wir uns mit unseren eigenen Zielen befaßten.

Allgemeine Gedanken

Wählen Sie einen Rahmen, der mit Ihren Zielen in Einklang steht. Dadurch gewöhnen Sie sich rechtzeitig an etwas, was bislang noch nicht Teil Ihres Lebens ist. „So tun als ob" ist eine gute Übung für das eigene Selbstbewußtsein. Wenn Sie Ihr Ziel dann erreicht haben, ist die dazugehörende Umgebung bereits zur Selbstverständlichkeit geworden. Aus diesem Grund kann es von Vorteil sein, sich im luxuriösen Ambiente eines Hotels zu treffen. Entscheidend ist, wo Sie sich wohl fühlen und welche Ziele Sie verfolgen.

3. Teambildung

Auch ein Erfolgsteam entsteht nicht von jetzt auf gleich. Es braucht einige Zeit, bis die Teilnehmer miteinander vertraut werden und eine Atmosphäre der Offenheit als Basis für eine gute Zusammenarbeit entsteht. Dieser Prozeß erfolgt in drei Schritten: Kennenlernen – Zielsetzung – Struktur.

1. Phase: Sich kennenlernen

Als erstes müssen sich die Teilnehmer kennenlernen und miteinander warm werden. Sie können dazu beitragen, vom ersten Moment an eine Basis des Vertrauens und des gegenseitigen Respekts zu schaffen. Am Anfang geht es nicht darum, daß alle erzählen, wo sie herkommen und was sie machen oder erreichen wollen. Vielmehr dient die Kennenlernrunde dazu, neue Aspekte über sich selbst und die anderen Anwesenden in Erfahrung zu bringen. Anregungen dazu finden Sie im nächsten Kapitel.

2. Phase: Zielsetzung

Im zweiten Schritt legt jeder im Team fest, was er oder sie in den nächsten sechs Monaten erreichen möchte. Jedes Ziel wird nach den im vorigen Teil erläuterten Zielformulierungskriterien festgelegt und ist damit jederzeit überprüfbar. Dadurch können alle am Ende der ersten sechs Monate feststellen, ob sie ihr Ziel erreicht haben oder nicht.

Dies bedeutet allerdings nicht, daß Sie auf Ihr Ziel festgenagelt werden. Die Erfahrung aus den bestehenden Teams zeigt, daß sich Ziele im Laufe der Monate wandeln. Meistens ist das dadurch bedingt, daß einzelne Faktoren erst durch die kontinuierliche Beschäftigung mit dem Ziel deutlich werden. Erst wenn Sie regelmäßig an Ihrem Ziel arbeiten, stellen Sie fest, ob Sie es auch tatsächlich erreichen wollen.

Dennoch ist es wichtig, sich am Anfang auf ein Ziel festzulegen und es als Richtschnur für das eigene Handeln zu verwenden. Nur so lernen Sie, Ihre Wünsche ernst zu nehmen und daraus etwas zu machen. Und sei es, daß das Ergebnis darin besteht, sich von diesem Ziel zu lösen und damit Energie freizusetzen für andere Projekte.

3. Phase: Strukturiertes Vorgehen

Nach dem Kennenlernen und der Zielfestlegung beginnt die konkrete Arbeit mit der bereits in den Grundlagen beschriebenen Struktur für die einzelnen Sitzungen. Die Sitzungen bestehen aus:

Einstieg

Information über den gegenwärtigen Stand der Dinge und die Geschehnisse seit dem letzten Treffen.

Unterstützungsphase

Im Kernstück der Sitzungen erhalten Sie die Hinweise, Anregungen und Hilfestellungen, die Sie erbitten. Sie entscheiden, was Sie zu diesem Zeitpunkt brauchen, damit es für Sie weitergeht.

Festlegen der Hausaufgaben

Hier legen Sie die Schritte fest, die Sie bis zum nächsten Mal unternehmen wollen.

4. Das erste Treffen

Mit dem ersten Treffen, dem Auftakt zu Ihrem Erfolgsteam, steht und fällt der weitere Verlauf. Legen Sie daher nicht nur im Vorfeld besondere Sorgfalt auf die Auswahl der Mitglieder, sondern auch auf diesen Einstieg beim ersten Treffen. Die folgenden zwei Übungen tragen dazu bei, daß das Klima von Anfang an positiv und förderlich ist.

Übung 1: Eine Farbe wählen

Mit dieser Übung erhalten die Teilnehmer einen Zugang zueinander, der außergewöhnlich ist und überraschende Erkenntnisse bringen kann. Normalerweise dienen Vorstellungsrunden dazu, sich in einem möglichst positiven Licht darzustellen. Da überlegen sich alle vorher, was sie sagen möchten und was „angebracht" ist. Im Gegensatz dazu erlaubt diese Übung einen spielerischen und nicht rational gesteuerten Zugang zu den Anwesenden. Das ist der Reiz und das Besondere daran. Es klingt wie ein Kinderspiel, und genau aus diesem Grund ist es für Erwachsene schwierig und schön zugleich. Die Übung ist auf jeden Fall ein hervorragender Einstieg für die Entstehung eines Teams. Und so läuft sie ab:

- Jeder Teilnehmer wählt eine Farbe, die ihm angenehm ist. Das kann eine Farbe im Raum sein oder eine in der Kleidung vorhandene oder eine, die er vor seinem geistigen Auge sieht.
- Selbst wenn mehrere Personen die gleiche Farbe wählen, macht das nichts, weil jeder eine Farbe anders sieht.

- Nacheinander erzählt jeder etwa eine Minute lang in der ersten Person von der von ihm gewählten Farbe. Anstatt „Ich mag Türkis, weil..." heißt es dann „Ich bin türkis..." Denn in diesem Augenblick sind Sie die Farbe Türkis, die sich selbst beschreibt. Dabei können Sie es humorvoll angehen, eher poetisch oder ernsthaft.

Hier einige Beispiele, die das Prinzip illustrieren:

- *Ich bin grün. Ich bin wie ein Wald, still und dunkel und kühl. Das Licht fällt in Form von Lichtpunkten durch meine Äste und erhellt den laubbedeckten Boden.*
- *Ich bin blau wie der späte Abendhimmel, weit und klar. Ich bilde den Hintergrund für die funkelnden Sterne, die auf mir ihre Leuchtkraft entfalten.*
- *Ich bin gelb, die Farbe der Sonnenblumen auf einem Feld, die sich im Winde wiegen. Ich erfreue die Menschen durch meinen Anblick.*

Natürlich sagt Ihre Beschreibung einer Farbe etwas über Sie aus. Es ist allerdings nicht immer für bare Münze zu nehmen. Ich kann zum Beispiel silbergrau wählen und dazu erzählen: „Ich bin grau. Ich bin kühl, distanziert, elegant und träumerisch." Davon trifft wenig auf mich als Person zu. Ich bin eher temperamentvoll, aktiv und voller Schwung, also das Gegenteil dieser Beschreibung. Dennoch würde diese Aussage verständlich machen, warum ich diese Farbe mag. Es kommt damit eine Qualität zutage, die ich mir wünsche, so wie ich Wünsche und Träume habe, auf die ich mich zubewege.

Diese Übung gibt Hinweise darauf, wie Sie denken und fühlen und was Ihnen wichtig ist, sie zeigt, welches Ihr Stil ist und Ihr persönlicher Geschmack. Möglicherweise ist es die einzige ungefilterte Aussage, mit der Sie beim ersten Treffen über sich selber Auskunft geben und darüber, wie Sie sich sehen. Sie müssen häufig Kompromisse schließen: Im Berufsleben können Sie nicht immer machen, was Sie für richtig halten; Sie können sich vielfach nicht einmal aussuchen, wo und wie Sie leben. Dennoch gibt es einen Bereich, wo Sie keine Kompromisse machen: im persönlichen Stil und Geschmack. Deshalb verwenden einige Menschen ihren persönlichen Stil als *den* Ausdruck ihrer Qualitäten und Talente.

Diese kreativen Fähigkeiten Ihrer Mitstreiter bringen Sie mit der Übung „Eine Farbe wählen" zutage. Zugleich ist das nicht nur eine sehr gute Basis für die Zusammenarbeit im Team, sondern auch für die nächste Übung.

Übung 2: Hinter dem Rücken reden

Sicher kennen auch Sie Situationen, in denen Sie hinter dem Rücken anderer reden oder hinter Ihrem Rücken über Sie geredet wird. Meist bedeutet es nichts Gutes, denn sonst könnte man diese Inhalte ja in Gegenwart der betroffenen Person besprechen. Wahrscheinlich hatten Sie erst einmal negative Assoziationen, als Sie die Überschrift lasen. Doch keine Sorge! Sie lernen hier etwas kennen, mit dem Ihnen ein guter Einstieg in Ihr Team gelingt. Eine Übung, die Negatives zutage brächte, hätte sicherlich nicht diesen Effekt.

„Hinter dem Rücken reden"[1] bedeutet in diesem Fall, daß Sie hören, welche Qualitäten andere Menschen Ihnen zuschreiben. Gerade wenn Sie ein neues Projekt starten und sich auf den Weg in unbekanntes Territorium machen, ist es hilfreich, Dinge zu hören, die Sie überraschen und zugleich ermutigen, weil Sie diese Aussage als richtig und wahr erkennen. Alle, die diese Übung schon einmal mitgemacht haben – und das sind inzwischen nicht nur die Teilnehmer an Erfolgsteams – betonen die

---

[1] Diese Übung wurde von Barbara Sher entwickelt. Ich entnahm sie ihrem nicht mehr erhältlichen Buch „Teamworks!"

positive und stimulierende Wirkung der hier gehörten Informationen.

Unmittelbar im Anschluß an „Eine Farbe wählen" entfaltet diese Übung eine große Kraft, die ganz erstaunliche Auswirkungen hat auf das Vertrauen und die Großzügigkeit, die innerhalb kürzester Zeit in einer Gruppe von Fremden entstehen können. Hier die Anleitung:

- Alle Teilnehmer sitzen in einem engen Kreis.
- Eine Person dreht sich mit dem Stuhl um, so daß sie nun mit dem Rücken zu den anderen sitzt, sie zwar noch hören, jedoch nicht sehen kann. Sie hält Papier und Stift parat, damit sie alles mitschreiben kann, was gesagt wird.
- Alle anderen unterhalten sich dann zwei bis drei Minuten so gut sie können über die positiven Eigenschaften dieser Person. Dabei sprechen sie miteinander und nicht mit der Person, über die sie reden.
- Danach setzt sich einer nach dem anderen auf den umgedrehten Stuhl, bis alle an der Reihe waren.

Beim Ablauf sind noch einige Punkte zu beachten. Normalerweise ist in jeder Gruppe ein „Retter", der es nicht aushält, daß eine Pause entsteht, oder befürchtet, der „armen Person" auf dem Stuhl könnte etwas Fürchterliches widerfahren. Sie lassen deshalb andere nicht zu Wort kommen, sondern bringen in schnellem Tempo jede Menge Punkte. Für diese Menschen gilt: Sie müssen sich zurückhalten und dürfen erst am Ende etwas sagen. Andernfalls haben die Nachdenklichen und Schweigsamen überhaupt keine Chance, etwas beizutragen.

Wer denjenigen auf dem heißen Stuhl kennt, muß noch länger als der „Retter" warten: Für diese Teilnehmer ist ihr Vorteil in dieser Übung zugleich ein Nachteil, denn sie kennen den betreffenden Menschen meist zu gut und wollen deshalb bestimmte Dinge sagen. Wenn er allerdings einige Zeit zugehört hat, was Fremde über ihre Freundin oder ihren Freund sagen, dann kommt er selber zu neuen Erkenntnissen und Einsichten. Die wesentlichen Regeln für „Hinter dem Rücken reden“:

- Nur positive Aspekte dürfen genannt werden, es geht nicht um konstruktive Kritik.
- Seien Sie in Ihren Aussagen so genau wie möglich. Wenn Sie Allgemeinplätze verwenden, kommen Sie sich schnell albern vor.
- Setzen Sie Intuition und Imagination ein. Vertrauen Sie auf spontane Eingebungen, und sprechen Sie diese aus. Sie werden überrascht sein, welche Treffer Sie damit landen.

Für die Person auf dem heißen Stuhl gelten ebenfalls einige Regeln:

- Schreiben Sie alles auf, so genau wie eine Sekretärin beim Diktat. Schreiben Sie leserlich. Wenn Sie die Wirkung dieser Übung einmal erlebt haben, werden Sie Ihre Aufzeichnungen aufbewahren und immer wieder lesen wollen.
- Reagieren Sie nicht auf das, was Sie hören. Denken Sie immer daran, daß Sie gerade lauschen und das Gespräch der anderen „zufällig“ hören. Nehmen Sie einfach auf, was die anderen zu sagen haben.
- Vereinbaren Sie vorher Zeichen, mit denen Sie sich bemerkbar machen, wenn Sie etwas nicht verstanden haben oder es zu schnell geht. Achten Sie darauf, daß die anderen dieses Zeichen auch sehen können.
- Stehen Sie am Ende ohne jeden weiteren Kommentar auf, und überlassen Sie Ihren Platz der nächsten Person.

Nachdem Sie auf dem heißen Stuhl saßen, werden Sie einen Moment brauchen, um „zurückzukommen“ und sich am Gespräch über die der nächste Person zu beteiligen. Nehmen Sie sich diese Zeit zum „Verdauen“ dessen, was Sie gehört haben.

Probieren Sie es aus. Sie werden die Wirkung dieser Übung nicht so schnell vergessen. Sie wirkt lange nach. Teilnehmer sagen mir oft noch nach Monaten, daß sie immer noch von den Informationen zehren, die sie hier erhalten haben. Für ein Erfolgsteam ist es ein idealer Einstieg, da er die Teilnehmer sehr schnell zusammenbringt und dafür sorgt, daß eine konstruktive und vertrauensvolle Basis entsteht.

Im Anschluß an diese Runde können Sie sich darüber austauschen, was Sie daraus mitnehmen, was Sie überrascht hat und was Sie möglicherweise ergänzen wollen, damit ein rundes Bild von Ihnen entsteht.

Und nun?

Nach diesen beiden Übungen ist das erste Treffen im Grunde abgeschlossen. Dennoch kann es hilfreich sein, sich darüber zu unterhalten, was alle vom Team erwarten und was sie einzubringen bereit sind. Legen Sie anschließend den Termin für das zweite Treffen fest.

Die zweite Sitzung

In der zweiten Sitzung legen Sie die Ziele für die Zeit des Erfolgsteams fest. Hinweise für die Formulierung der Ziele finden Sie im Teil IV. Achten Sie auch in diesem Treffen darauf, daß die Zeitvorgaben eingehalten werden. Wenn Sie zu sechst sind, sollte die Zielfestlegung pro Person nicht mehr als zwanzig Minuten betragen. Andernfalls wird die Sitzung zu lang, und Sie sind nicht mehr in der Lage, alles aufzunehmen.

Die Ziele sollten so konkret und meßbar wie möglich sein. Achten Sie darauf, daß alle festlegen, woran sie erkennen können, daß sie ihr Ziel erreicht haben.

Am Ende dieser Sitzung legen Sie zum ersten Mal Hausaufgaben fest, das heißt, Sie überlegen sich, welche Schritte Sie bis zur nächsten Sitzung erledigen können und wollen.

Alle weiteren Sitzungen

Sobald die Ziele klar sind, kann es an die Arbeit gehen. Jetzt kommt die Struktur zum Einsatz, mit der Sie dafür sorgen, daß Sie das erreichen, was Sie sich vorgenommen haben. Eine Muster-Agenda finden Sie auf Seite 196.

5. Das weitere Vorgehen

Sie haben den Einstieg gestaltet und die ersten Sitzungen erfolgreich durchgeführt. Damit ist der wichtigste Schritt getan. Dennoch gibt es einige Grundregeln, die ich Ihnen für die weitere Arbeit empfehlen möchte. Sie betreffen:

- die Anwesenheitsregelung,
- die Durchführung der Treffen,
- die Beziehung untereinander.

Die Anwesenheitsregelung

Im Lauf der Zeit werden Sie feststellen, daß trotz rechtzeitiger Vereinbarung der Termine jemand absagen muß. Das ist nicht zu vermeiden und grundsätzlich auch kein Problem. Was ist allerdings, wenn mehr als ein Mitglied nicht anwesend ist? Was machen Sie nach Ablauf der ersten sechs Monate, wenn sich einige Teilnehmer entschließen, nicht weiterzumachen? Wie können Sie das später handhaben? Dazu einige Vorschläge:

Mindestanwesenheit

Für die Entscheidung, ob Sie eine Sitzung durchführen oder doch lieber verschieben, schlage ich die Zwei-Drittel-Regel vor. Sobald weniger als zwei Drittel der Teilnehmer an einem Termin kommen können, sollten Sie ihn verschieben. Nachdem es keine „halben" Teilnehmer gibt, heißt das bei einem Vierer-Team, daß nicht mehr als eine Person fehlen sollte. Bei den kleinsten Teams von drei Personen ist das ohnehin kein Thema. Wenn zwei Teilnehmer fehlen, kann auch keine Teamsitzung stattfinden.

Abwesenheiten

Sie sind im voraus anzukündigen. Das sollte bei einer vertrauensvollen Zusammenarbeit selbstverständlich sein. Es kann allerdings vorkommen, daß kurzfristig eine andere, wichtigere Verpflichtung dazwischenkommt und eine Teilnahme an der Sitzung unmöglich macht. In diesem Fall ist der Leiter oder die Leiterin der Sitzung vorher zu verständigen, damit er oder sie die anderen Teilnehmer unterrichten kann. Obwohl auch das selbstverständlich sein sollte, ist es sinnvoll, diese Vorgehensweise in den ersten Sitzungen ausdrücklich zu vereinbaren.

Ausscheiden von Mitgliedern

Treffen Sie bereits zu Beginn die Vereinbarung, daß jedes Ausscheiden grundsätzlich zwei Sitzungen im voraus angekündigt werden muß. So haben alle Teilnehmer die Möglichkeit, sich innerlich damit auseinanderzusetzen. Beim letzten Treffen wird dann für das ausscheidende Mitglied eine Sonderrunde eingelegt. Verwenden Sie diese Zeit dafür, um mit diesem Mitglied über die Erfahrungen und die Gründe für das Ausscheiden zu sprechen. Dadurch können Sie wertvolle Anregungen für Ihr weiteres Vorgehen erhalten.

Vermeiden Sie auf jeden Fall eine Diskussion unmittelbar nachdem ein Teilnehmer sein Ausscheiden angekündigt hat. Darin kann viel emotionale Brisanz liegen, die nicht förderlich ist. Es ist hilfreicher, sich mit zeitlichem Abstand über die Gründe zu unterhalten, die zu dem Entschluß geführt haben.

Neue Mitglieder einbringen

Mit dem Ausscheiden einer Person aus dem Team stellt sich die Frage, ob sie ersetzt werden soll. Wenn Sie in einem Team arbeiten, das weniger als sechs Teilnehmer hat, können Sie am Ende der sechs Monate auch entscheiden, ob Sie Ihr Team erweitern wollen. Bewährt hat sich folgendes Vorgehen:

Fragen Sie, was die anderen im Team wollen. Möchten sie ein größeres Team, oder sind sie zufrieden damit, wie es ist? Wenn der Wunsch nach einer Ergänzung besteht, dann erbitten Sie Vorschläge.

Wenn Sie sich einig darüber sind, wie viele und welche Personen hinzukommen sollen, laden Sie die möglichen Kandidaten ein, damit alle sie kennenlernen können. Das ist für den nächsten Schritt ganz wichtig. Denn die Aufnahme von neuen Mitgliedern sollte in jedem Fall einstimmig erfolgen. Sobald nur ein Teilnehmer nicht einverstanden ist, riskieren Sie, daß er oder sie als nächstes ausscheidet oder sich die Stimmung im Team verändert. Da ist es notfalls besser, auf eine Ergänzung zu verzichten.

Die Durchführung der Treffen

Zusätzlich zu den bereits in den Grundlagen angesprochenen Punkten finden Sie hier noch einige Hinweise, die Ihnen den Ablauf erleichtern. Einige Punkte werden hier der Vollständigkeit halber wiederholt.

Häufigkeit der Treffen

Die Treffen finden alle zwei oder spätestens drei Wochen statt. Legen Sie jeweils drei Sitzungen im voraus fest, falls Sie sich nicht auf einen festen Wochentag oder Rhythmus einigen. Letzteres wäre zum Beispiel auch „der erste und dritte Montag im Monat“.

Ort

Einigen Sie sich auf einen festen Ort. Eine Möglichkeit ist auch, sich reihum bei den Teilnehmern zu Hause zu treffen.

Rollen

In den Sitzungen gibt es bestimmte Rollen, die zu Beginn verteilt werden. Es sind dies:

- Die Leiterin oder der Leiter: In dieser Rolle gestalten und leiten Sie das Treffen, erstellen eine Agenda und achten darauf, daß die Mitglieder beim Thema bleiben. Falls jemand nicht an einer Sitzung teilnehmen kann, unterrichten Sie die Abwesenden zu einem späteren Zeitpunkt über wichtige Fragen und Aspekte. Sinnvollerweise einigt man sich in jeder Sitzung darauf, wer die nächste leitet, damit sich der Betreffende vorbereiten kann.
- Zeitnehmer/in: In dieser Funktion ist es Ihre Aufgabe, den Kurzzeitwecker zu bedienen und darauf zu achten, daß die Zeiten von allen eingehalten werden.
- Schriftführer/in: Er oder sie notiert die „Hausaufgaben“ der einzelnen Mitglieder. Idealerweise übernimmt der Schriftführer diese Rolle für einen festen Zeitraum und sorgt dafür, daß die Aufzeichnungen nach der Sitzung an alle versandt oder zur nächsten Sitzung mitgebracht werden.

Verwendung einer Agenda

Sie dient dazu, den Ablauf vorzubereiten. Selbst wenn er sich von Sitzung zu Sitzung nur wenig ändert, ist es hilfreich, jedes Mal eine neue Agenda zu erstellen. Dadurch machen Sie sich als Leiter/in vorher Gedanken, ob es Extrapunkte gibt, die bedacht werden sollten. Dazu gehören zum Beispiel die Terminfestlegung oder spezielle Fragen, die im Laufe der Zeit auftauchen können. Dafür muß dann genügend Zeit eingeplant werden.

Das Muster einer Agenda für ein Erfolgsteam mit sechs Teilnehmern finden Sie auf der nächsten Seite.

Erfolgsteam – Musteragenda

I.	**Einstieg**		5 Min.
II.	**Check-in**	(5 Min./Pers.)	30 Min.
III.	**Unterstützung**	(15 Min./Pers.)	90 Min.
IV.	**Zielsetzung**	(2 Min./Pers.)	12 Min.
V.	**Abschluß**		5 Min.

I. Einstieg — 5 Min.

- „Ankommen“
- Rollen verteilen

II. Check-in (5 Min./Pers.) — 30 Min.

- Wo stehe ich?
- Was ist seit dem letzten Treffen passiert?
- Was habe ich erreicht?“

III. Unterstützung (15 Min./Pers.) — 90 Min.

- Wo brauche ich Unterstützung?

IV. Zielsetzung (2 Min./Pers.) — 12 Min.

- Was möchte ich bis zum nächsten Treffen erreichen?

V. Abschluß — 5 Min.

Die Beziehung untereinander

In einem Erfolgsteam geht es auch immer um die Beziehungen der Mitglieder untereinander. Damit es zu möglichst wenig Reibereien kommt, haben sich folgende Grundregeln bewährt:

- Ehrlichkeit und Respekt voreinander stehen an erster Stelle.
- Alles, was in den Sitzungen besprochen wird, wird vertraulich behandelt und nicht hinausgetragen.
- Konzentrieren Sie sich auf die eigenen Gefühle. Jeder ist für sich selbst und sein Wohlbefinden verantwortlich.
- Rückmeldungen an andere erfolgen nur, wenn sie erbeten werden, und dann in konstruktiver Form.
- Neben der Verantwortung für die eigene Person ist jeder für das Klima und die Zusammenarbeit im Team verantwortlich.
- Sprechen Sie Konflikte offen an, und schlagen Sie Lösungen vor. Das Team kann nur dann wachsen, wenn die Mitglieder lernen, mit Konflikten konstruktiv umzugehen. Das Team bietet einen sicheren Rahmen, in dem auch neues Verhalten ausprobiert werden kann.
- Jedes Mitglied erstellt zu Beginn des Erfolgsteams eine Definition davon, was er oder sie unter Unterstützung versteht. Diese Definition wird an alle verteilt.
- Wenn ein Mitglied bei einer Rückmeldung den Eindruck hat, daß es sich um negative Kritik handelt, empfiehlt sich die Frage: *Welche Absicht verfolgst du mit dieser Frage/Bemerkung?*

6. Mögliche Klippen

Die Mehrzahl der Erfolgsteams, die ich seit dem Sommer 1995 auf den Weg gebracht habe, bestand länger als sechs Monate. Zwei Teams brachen allerdings bereits innerhalb der ersten beiden Monate auseinander. Das war für mich ein Anlaß, darüber nachzudenken, was dazu beigetragen hat, daß es hier mit der Zusammenarbeit nicht geklappt hat. Daraus ergeben sich auch die folgenden Hinweise, mit denen Sie Probleme vermeiden können und Ihrem Team zu einem langen Leben verhelfen.

Unterschiedliche Erwartungen

Jeder kommt mit bestimmten Vorstellungen in ein Erfolgsteam. Es ist wichtig, über diese Erwartungen am Anfang zu sprechen. Es bietet sich an, die unterschiedlichen Erwartungen im Zusammenhang mit der Definition von Unterstützung in einer der ersten Sitzungen zu klären. Andernfalls arbeiten die Teilnehmer schnell gegeneinander, sabotieren die Unterstützung in den Treffen oder finden Gründe dafür, überhaupt nicht teilzunehmen.

Zuviel von anderen erwarten

Diese Problematik deutet meist auf fehlende Flexibilität hin. Wie ausgeprägt ist die Bereitschaft, sich mit dem zufriedenzugeben, was aus der Gruppe kommt? Wollen Sie bestimmte Informationen und Anregungen, oder können

Sie mit den vorhandenen weiterarbeiten und sie als Ausgangspunkt für eigene Gedanken verwenden?

Zuwenig von anderen erwarten

Das ist das Gegenstück zum vorherigen Punkt. Auch diese Haltung ist wenig förderlich, da hierdurch die möglichen Ressourcen in der Gruppe nicht genutzt werden. Eine zu geringe Erwartungshaltung äußert sich in Bemerkungen wie *„Ich brauche keine Unterstützung“* oder *„Da könnt ihr mir ohnehin nicht weiterhelfen.“*

Sich ärgern und schweigen

Ein Grundprinzip in jedem Team besteht darin, daß Konflikte angesprochen und offengelegt werden. Nur dann können sie auch geklärt und gelöst werden. Wer statt dessen schweigt, stellt früher oder später fest, daß es sehr viel Energie kostet, überhaupt an einer Sitzung teilzunehmen, wenn man Konflikte nicht anspricht. Dann finden sich bald Ausreden, anderes ist wichtiger, und das ist der Anfang vom Ende einer Mitgliedschaft im Team. Die häufigsten Auslöser für Konflikte sind:

- mangelnde Pünktlichkeit der Teilnehmer,
- Zeitvorgaben werden nicht eingehalten,
- unterschiedliche Auffassungen von Unterstützung (deshalb ist die persönliche Definition dafür so wichtig),
- Unterschiede im Commitment der Teilnehmer.

Im großen und ganzen habe ich feststellen können, daß die Teilnehmer an Erfolgsteams bereit sind, sich auch mit den Schwierigkeiten auseinanderzusetzen, die entstehen, sobald mehrere Menschen miteinander arbeiten. Jeder bringt seine Persönlichkeit mit ein, und das führt zwangsläufig zu unterschiedlichen Auffassungen. Je größer die eigene Toleranz und Flexibilität im Umgang mit anderen Menschen sind, desto leichter fällt es, im Auge zu behalten, worum es im Team geht: das eigene Ziel zu erreichen und sich dabei gegenseitig zu unterstützen. Wenn dies im Vordergrund steht, läßt sich mit ein wenig gutem Willen jedes Problem lösen und jede auftauchende Klippe umschiffen.

Viel Spaß und Erfolg beim Setzen und Erreichen Ihrer Ziele wünscht Ihnen

Ihre

Ulrike Bergmann

Glossar

Hier finden Sie in alphabetischer Reihenfolge einige Begriffe erläutert, die im Buch benutzt werden.

Affirmationen

Affirmationen sind bewußt gesetzte innere Botschaften, mit deren Hilfe Sie negativen Glaubenssätzen entgegenwirken können. Sie sind Transportmittel auf dem Weg zur Zielerreichung.

Brainstorming „plus“ ©

Eine Ergänzung der bekannten Kreativitätsmethode. Mit ihr können Sie aus jeder Idee eine für Sie passende, individuelle Lösung machen.

Clustering

Eine von Gabriele L. Rico entwickelte Methode. Dabei notieren Sie alle für die Zielerreichung erforderlichen Schritte auf einem großen Blatt Papier. Das Ergebnis ist ein „Cluster“; es dient als Basis für das ⇨ Flowchart rückwärts.

Commitment

Verbindlichkeit oder Selbstverpflichtung zur regelmäßigen Teilnahme für einen Mindestzeitraum von sechs Monaten. Diese Verbindlichkeit ist eine wesentliche Basis für die erfolgreiche Arbeit in einem Erfolgsteam.

Flowchart rückwärts

Mit dieser Methode planen Sie Ihr Vorgehen vom Ziel ausgehend rückwärts. Auf dem Flowchart können Sie jederzeit erkennen, welcher Schritt als nächster zu tun ist.

Networking

Die Kunst, Kontakte zu knüpfen und sie sinnvoll zu nutzen. Erfolgreiche Menschen besitzen ein solides Netz aus Kontakten, denn sie wissen, daß sie ohne die Unterstützung anderer keine Erfolge erzielen können.

Weitere Informationen

Mit dem *Büro für ungewöhnliche Zielerreichung* unterstütze ich meine Kunden,

- sich ihrer Wünsche bewußt zu werden und sie anzunehmen,
- diese Wünsche als präzise und wirkungsvolle Ziele zu formulieren und
- durch geeignete Strategien auch zu erreichen.

Ich führe regelmäßig Seminare zu folgenden Themen durch:

- Ziele setzen und erreichen
  (Berufsziele – Lebensziele – allgemeine Ziele)
- Networking – Kontakte knüpfen und sinnvoll nutzen
- Erfolgsteams – Erfolgreicher sein mit Hilfe eines Teams (Einstiegsseminare)
- Umgang mit Veränderung

Wenn Sie Interesse an einem dieser Seminare haben, oder ein persönliches Coaching wünschen, dann schreiben Sie mir:

Ulrike Bergmann
Büro für ungewöhnliche Zielerreichung
Guardinistr. 34
81375 München

Ich schicke Ihnen gerne die aktuellen Seminartermine und weitere Informationen. Bitte legen Sie DM 3,- in Briefmarken bei.

Sie erreichen mich auch per E-mail unter:
Bergmann_Zielerreichung@compuserve.com

Stichwortverzeichnis